Illustrations courtesy of the Library of Congress

Compiled by Palatino Press
www.palatinopress.com

THE ART OF THE
TOVAR CODEX

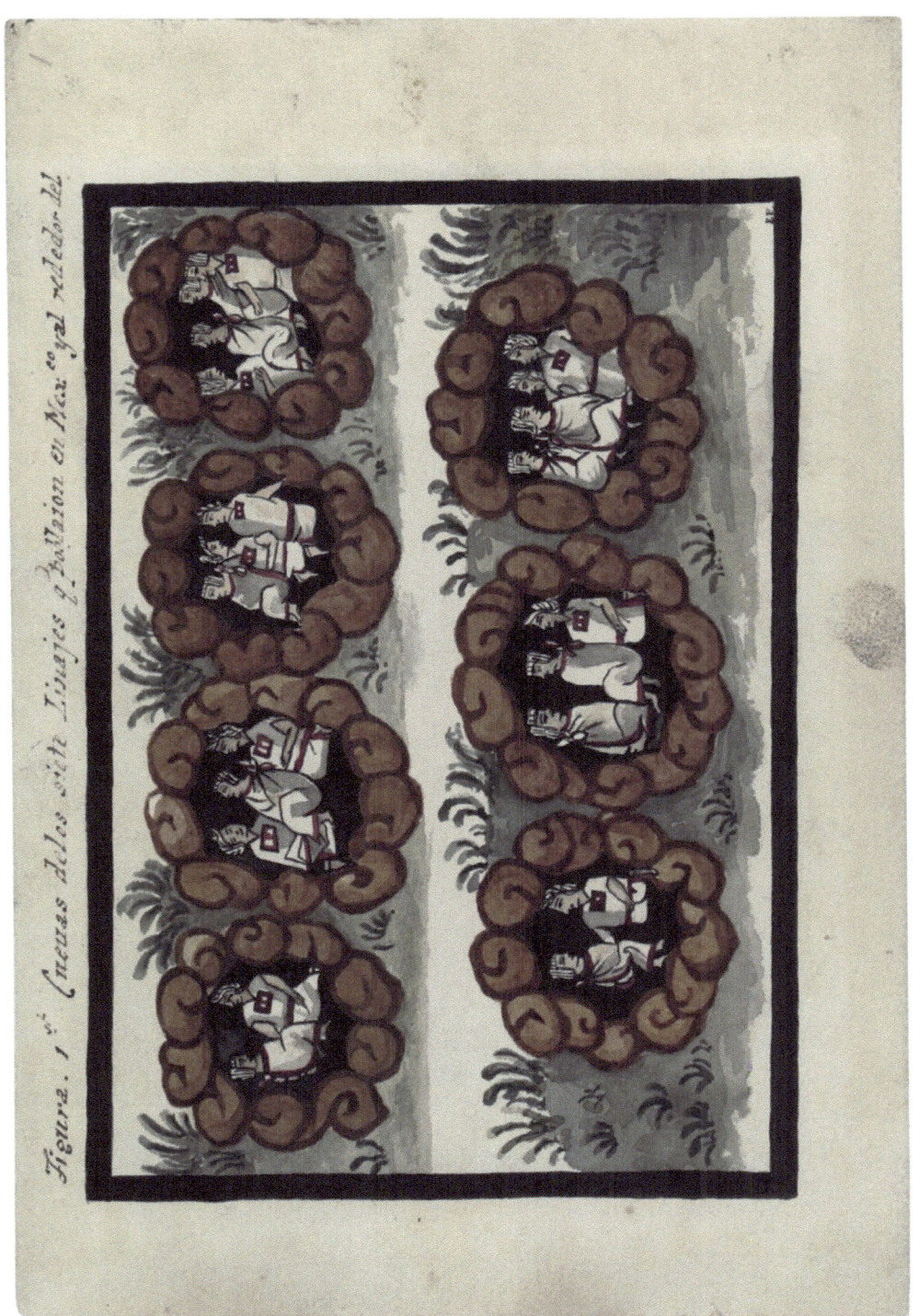

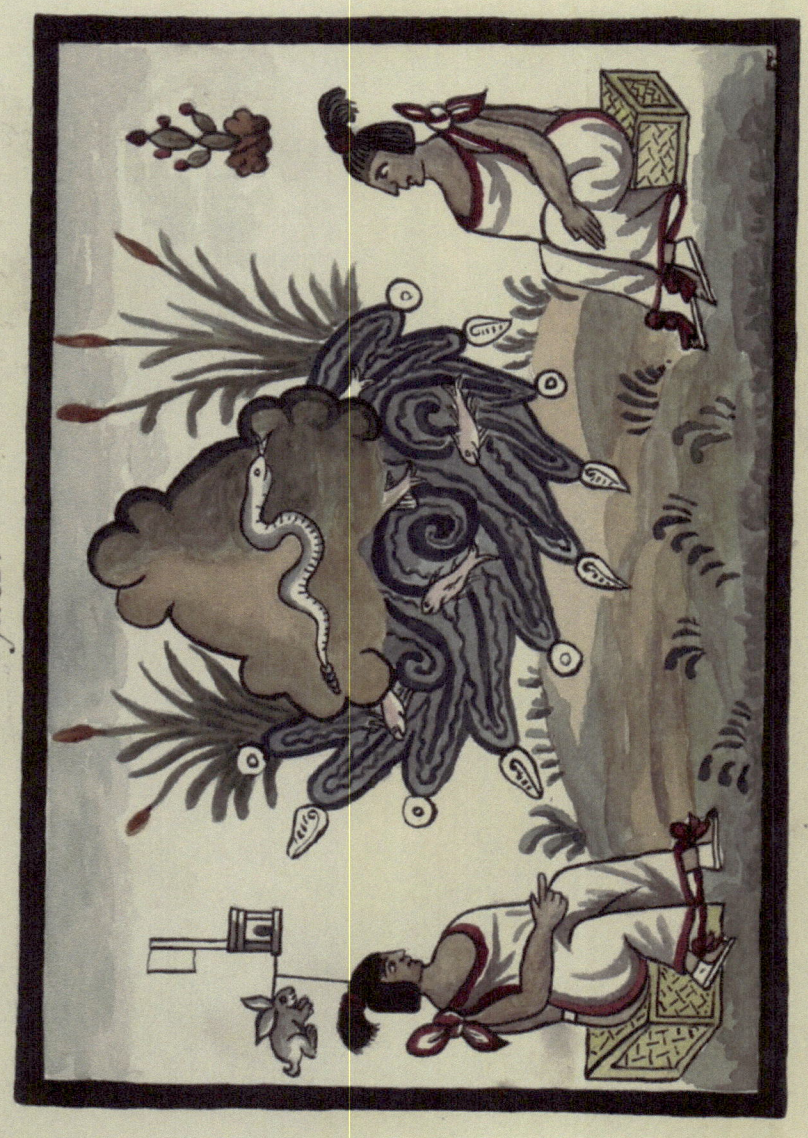

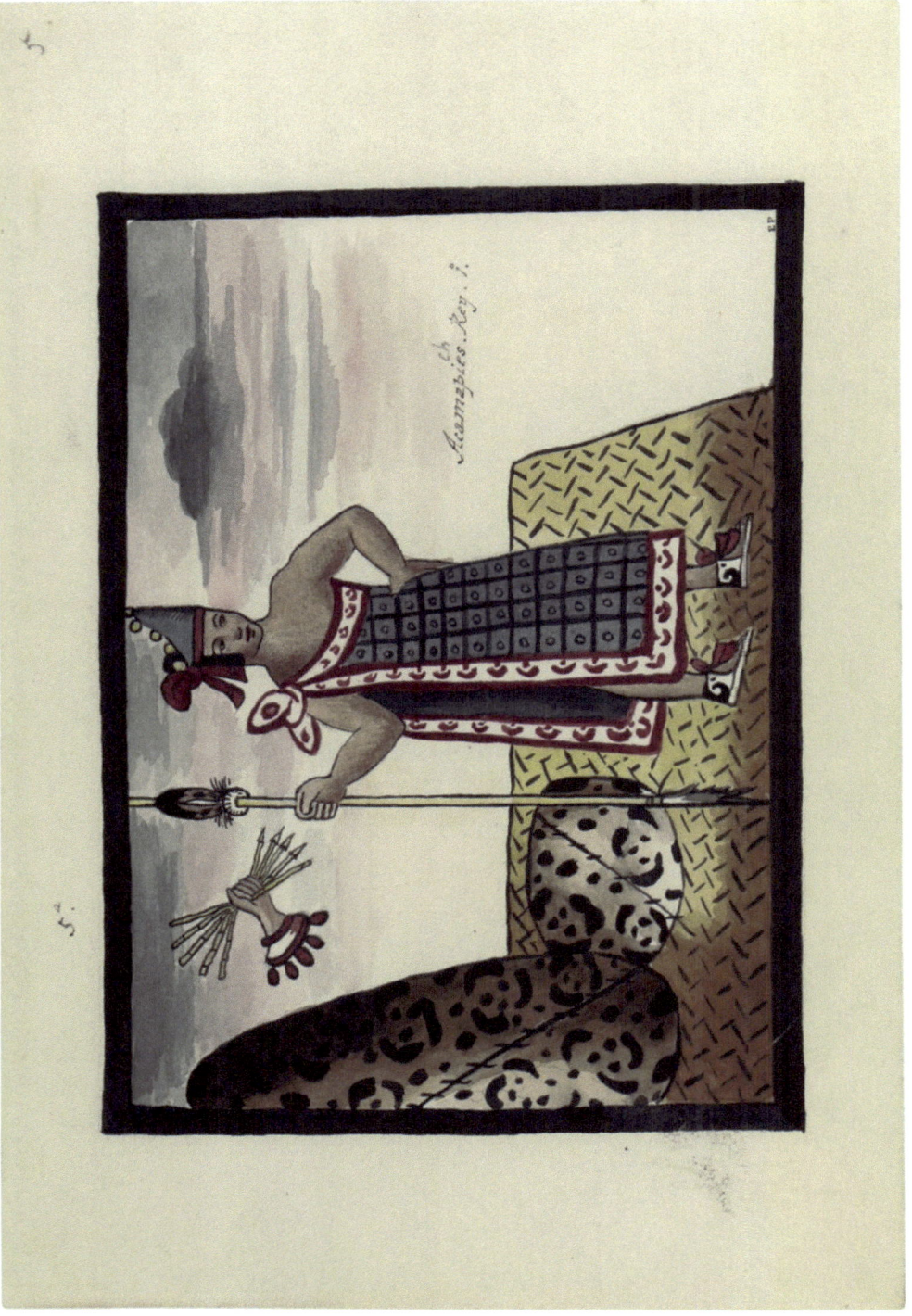

Acamapich. Rey. I.

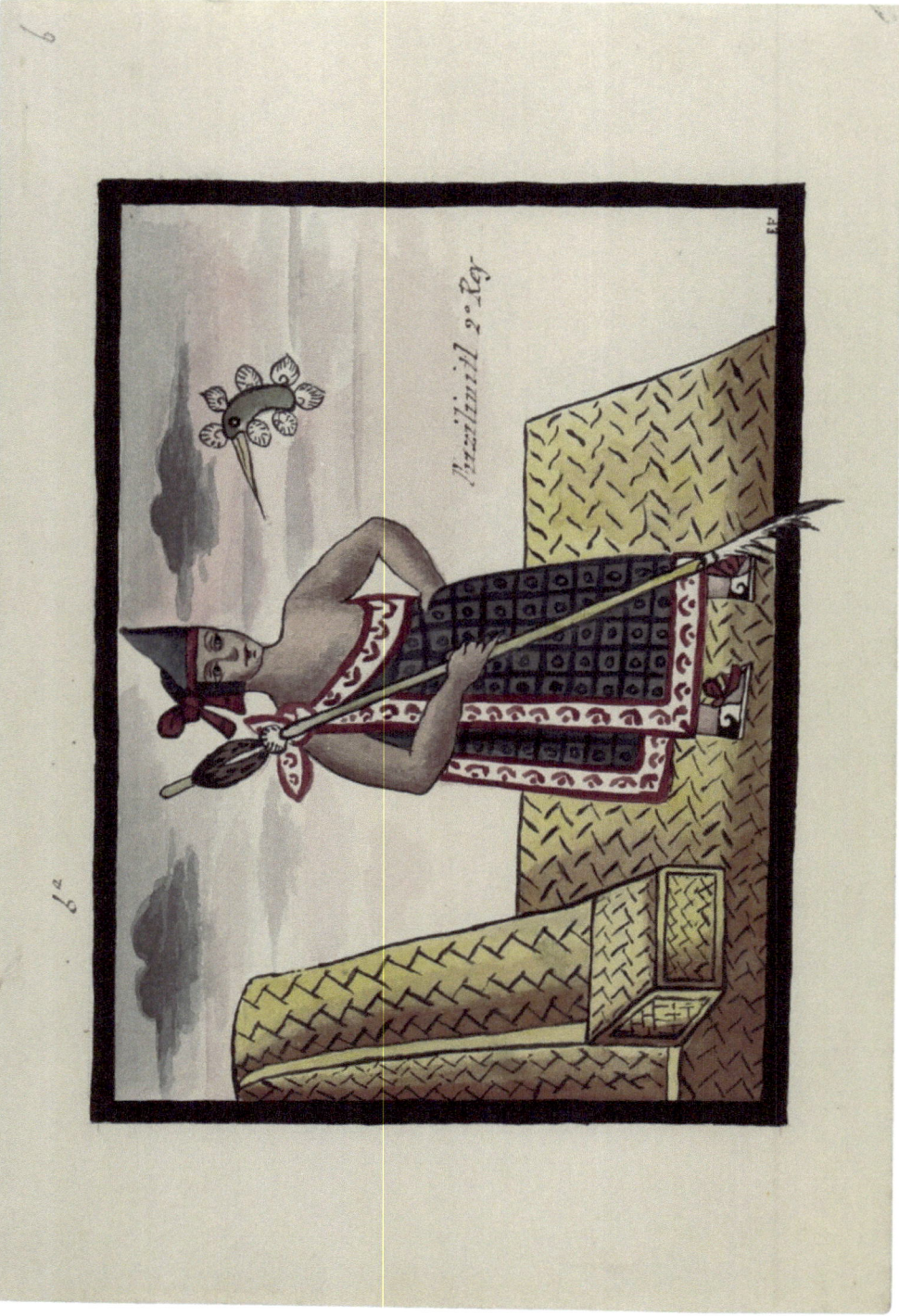

Viziliuitl 2º Rey.

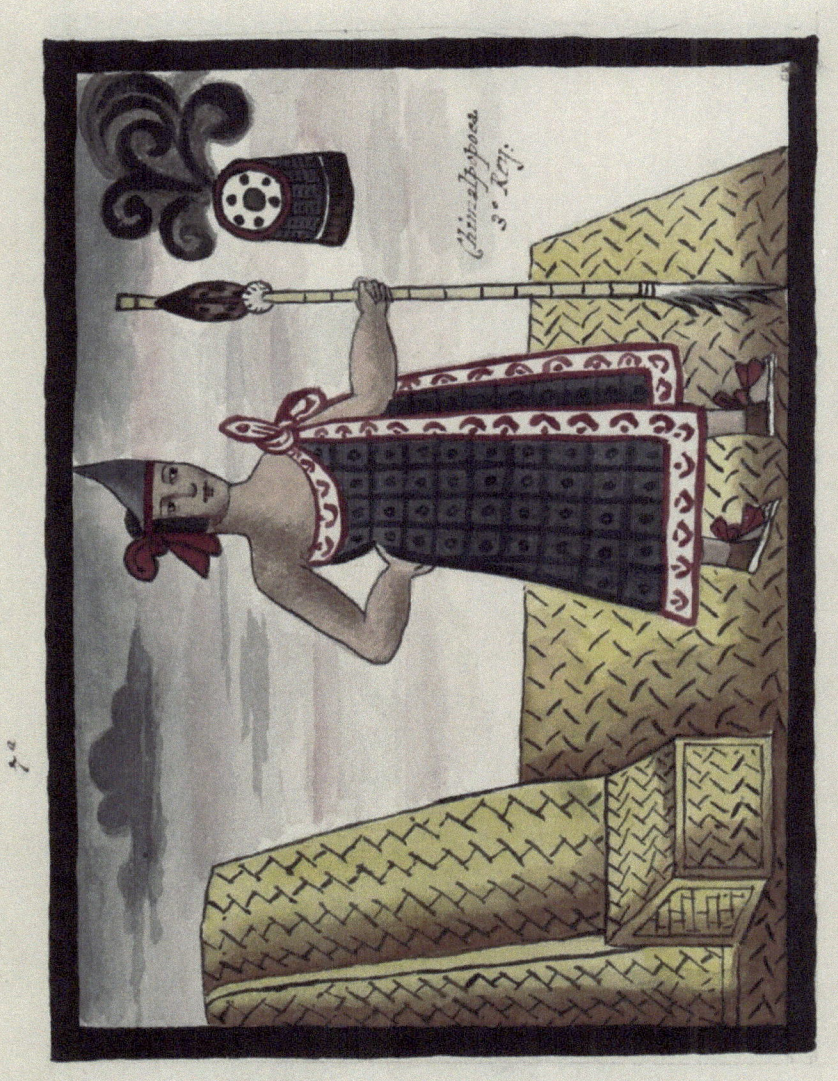

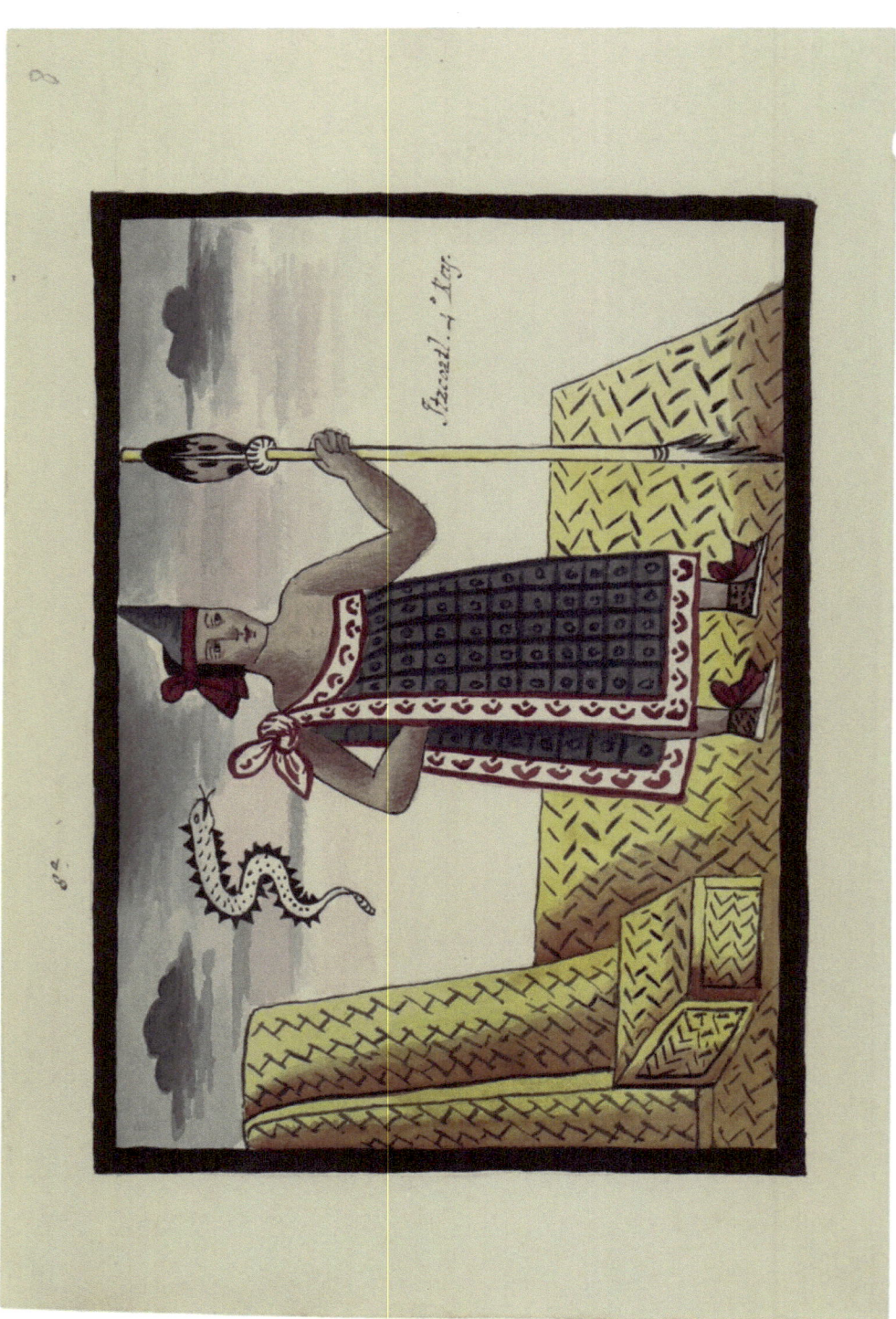

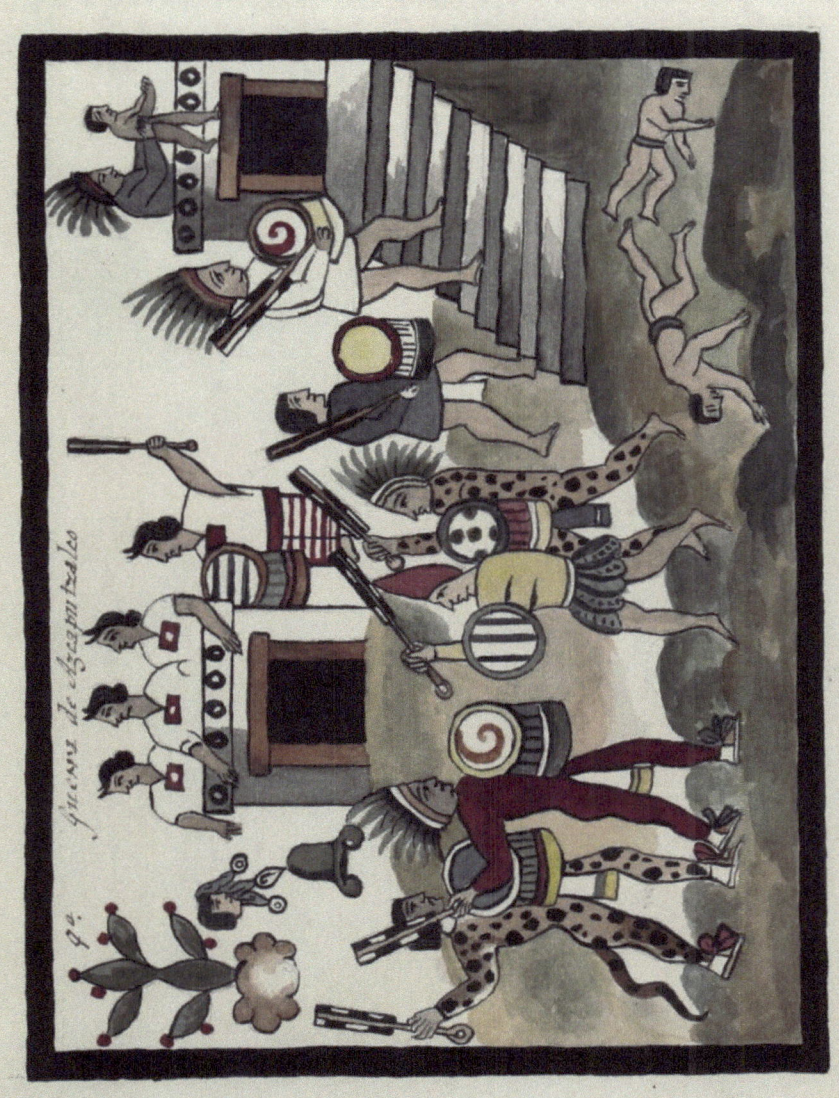

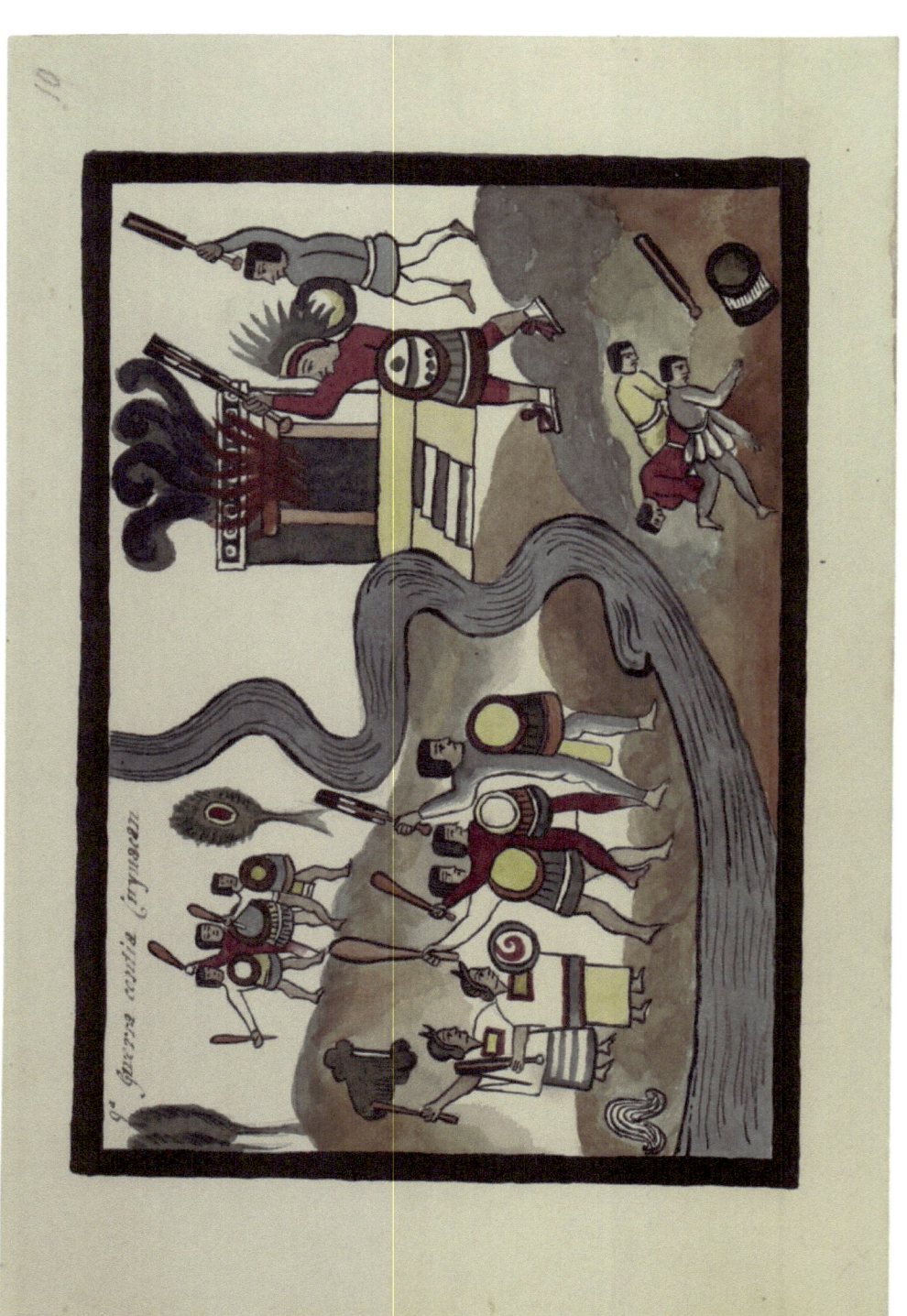

12

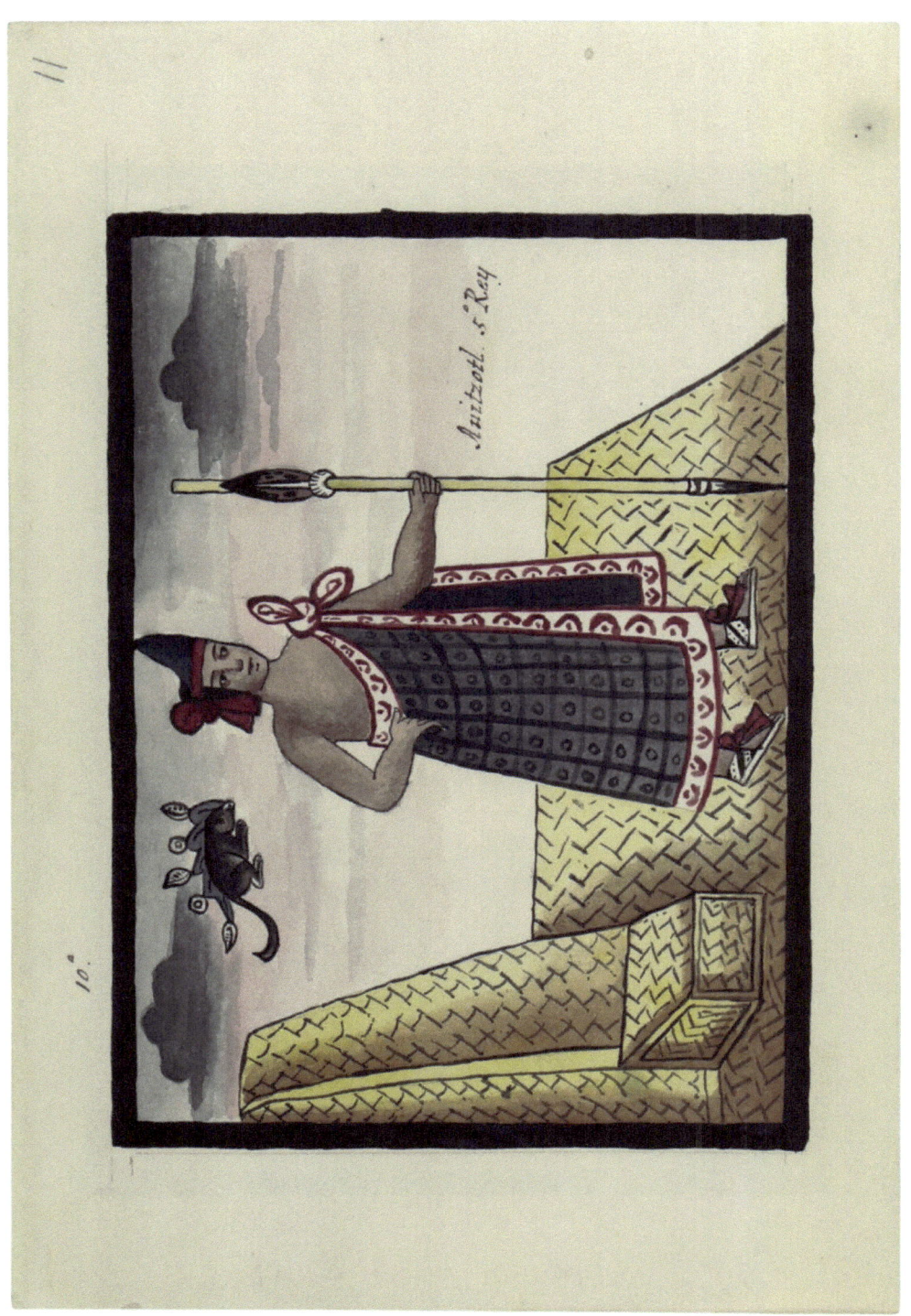

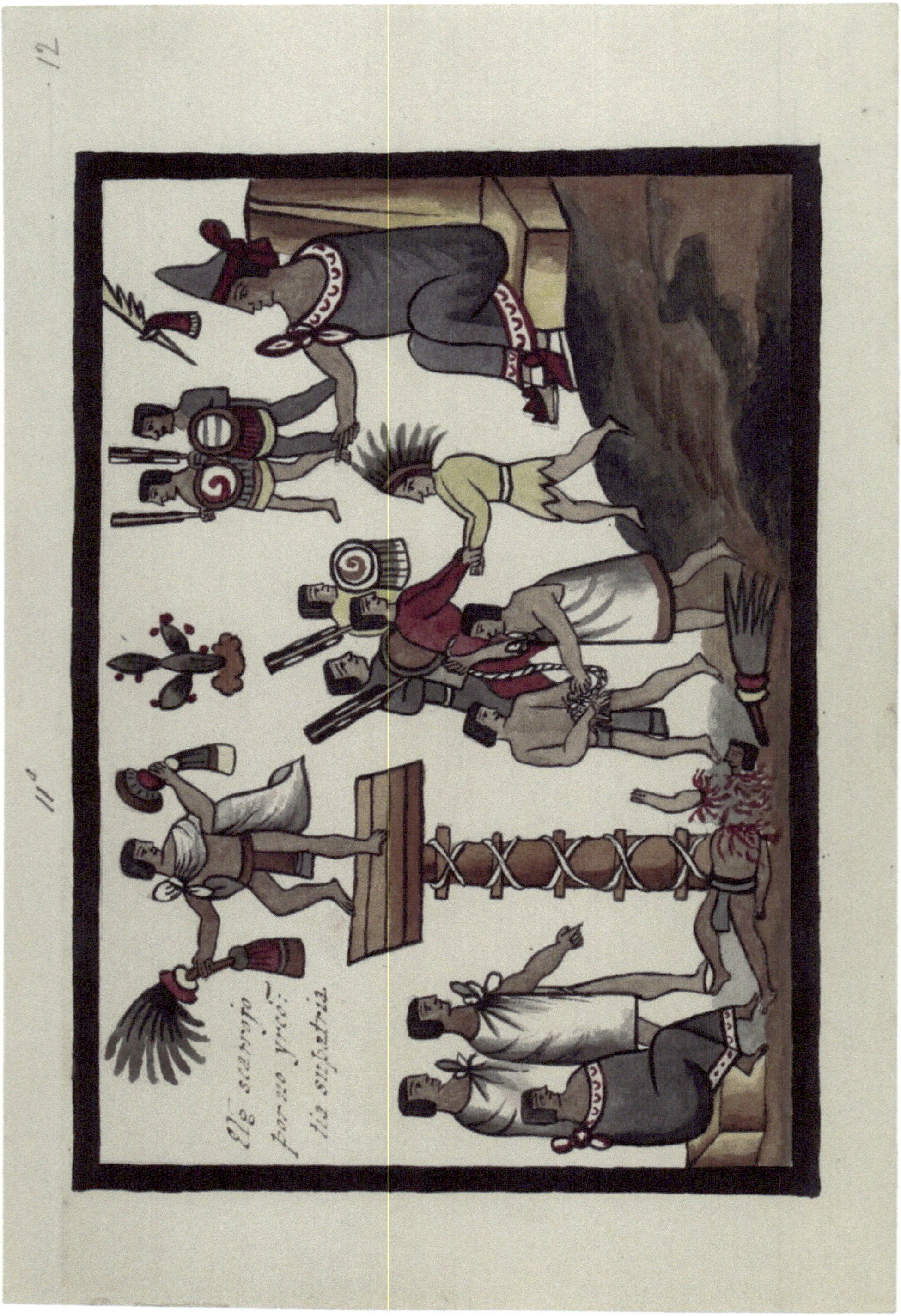

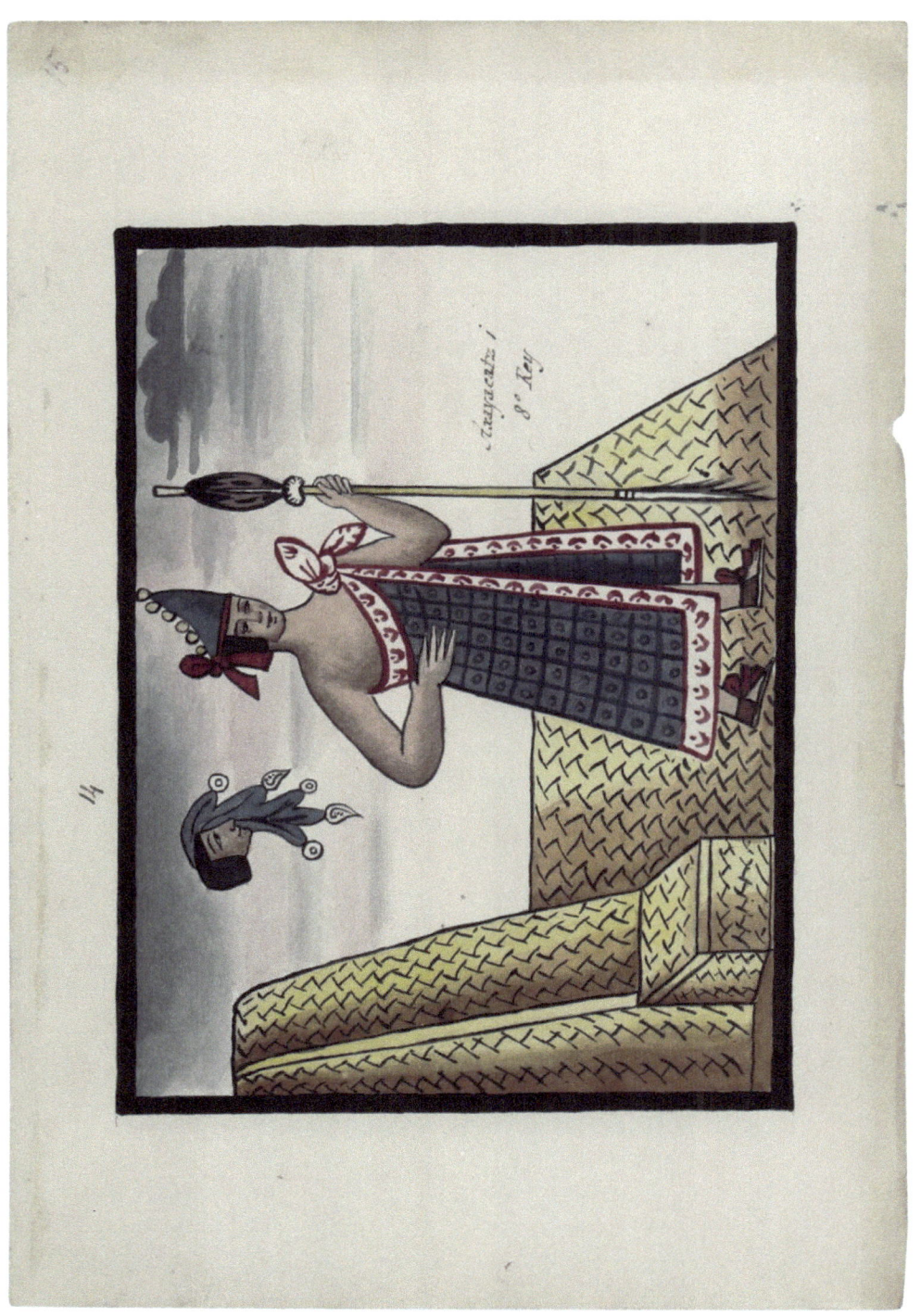

15

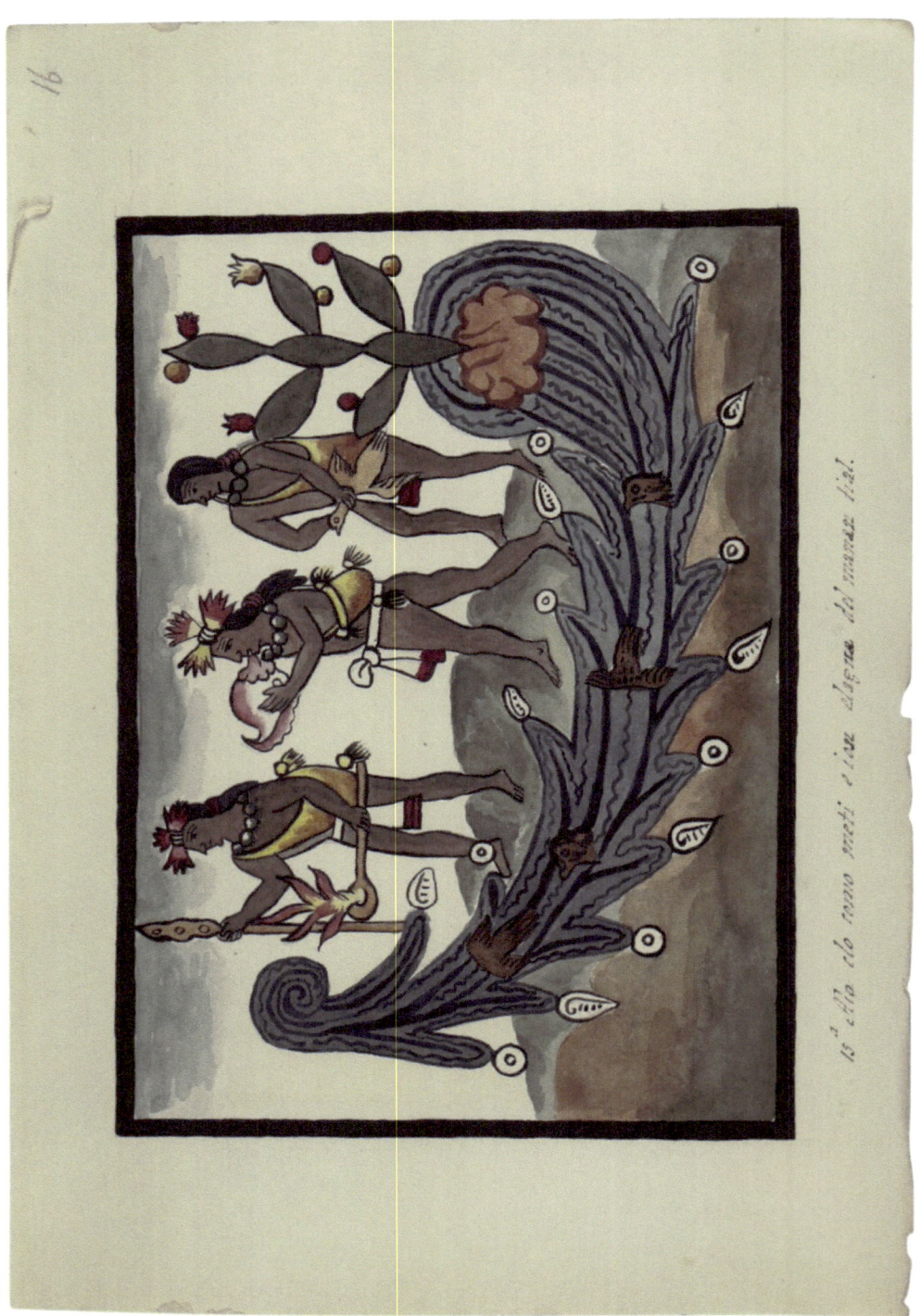

15 ettia che sono morti e sono diporta del marrin stol.

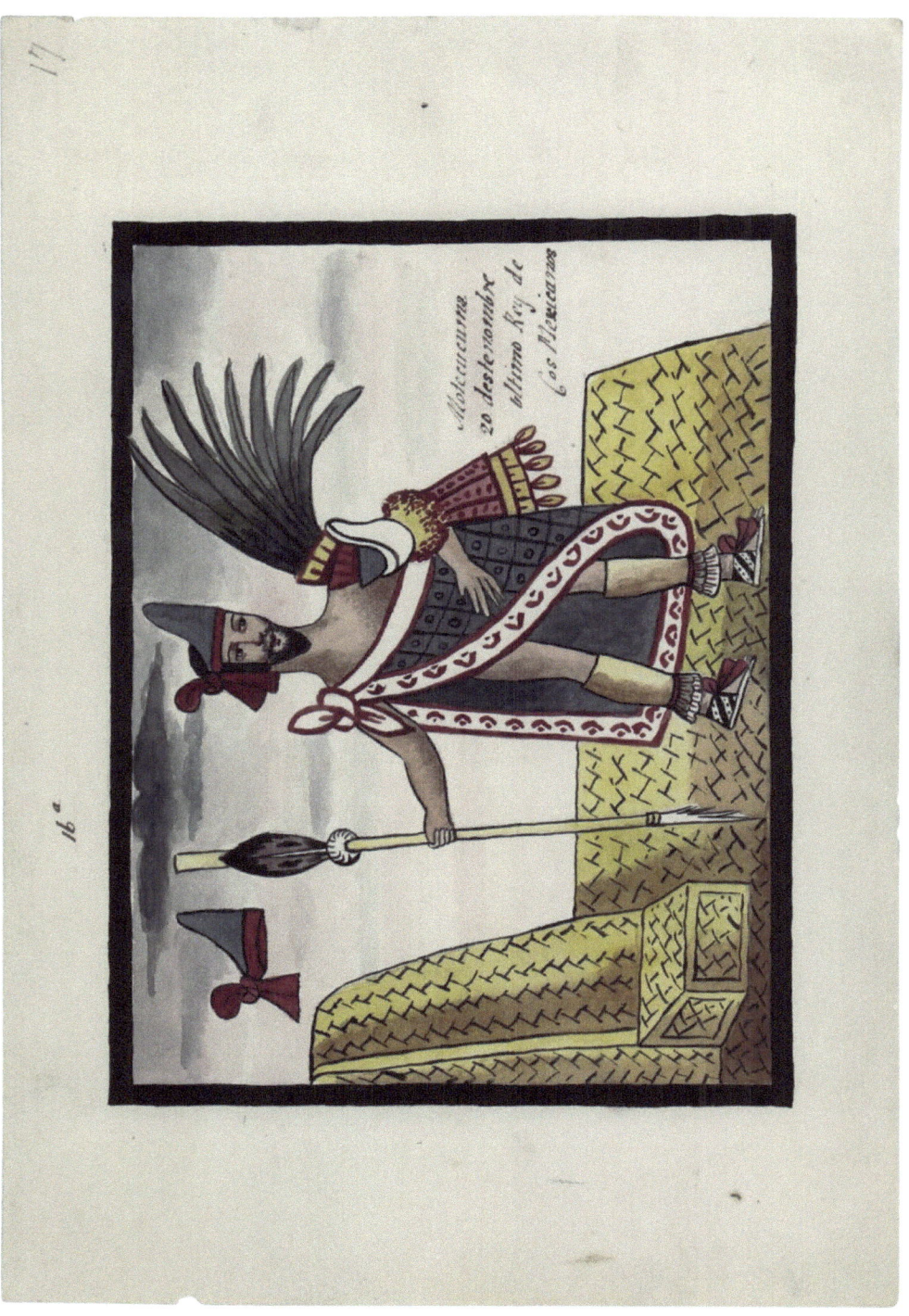

Motecuzoma 20 deste nombre
ultimo Rey de
Los Mexicanos

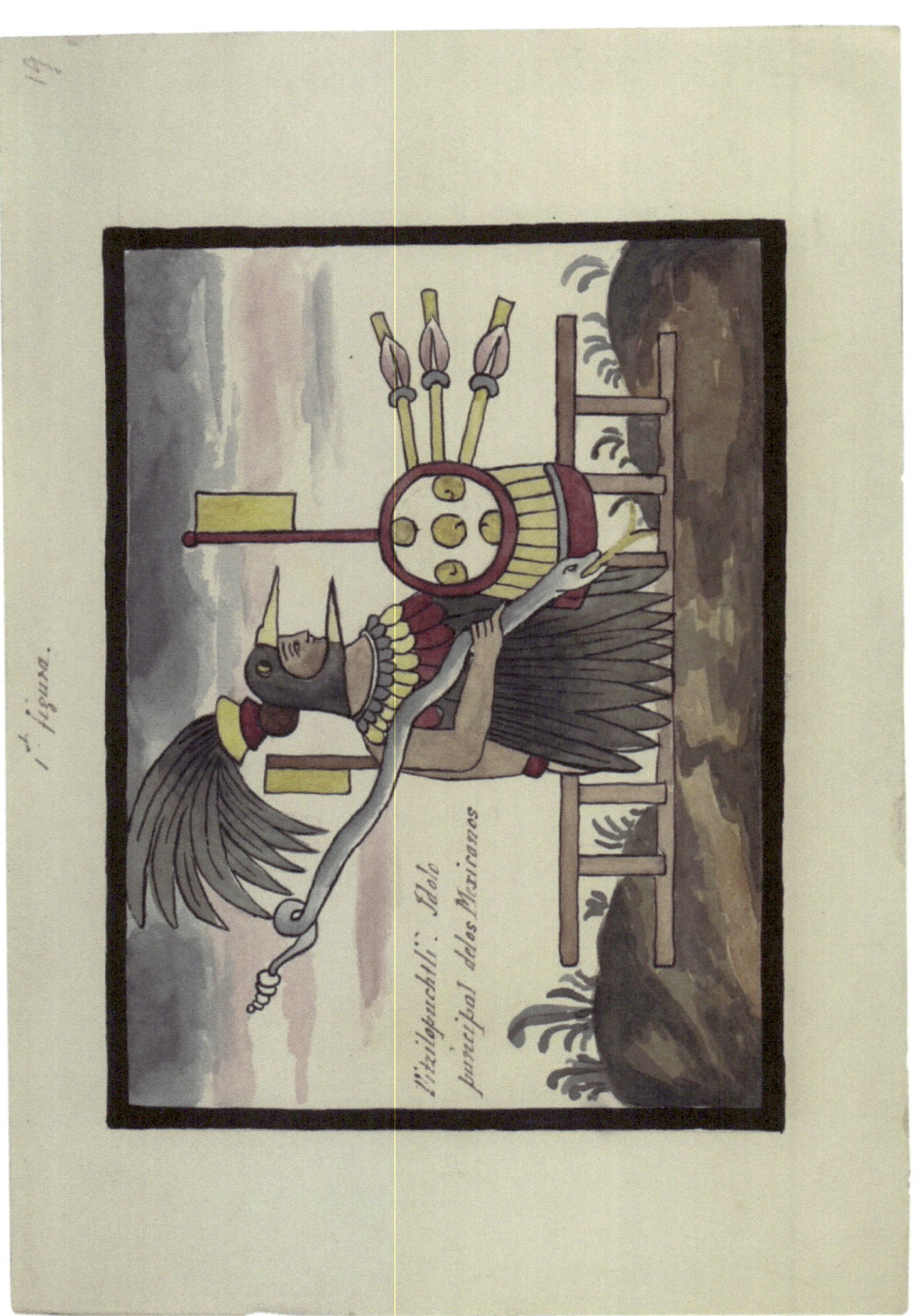

"Vitzilopuchtli". Idolo
principal delos Mexicanos

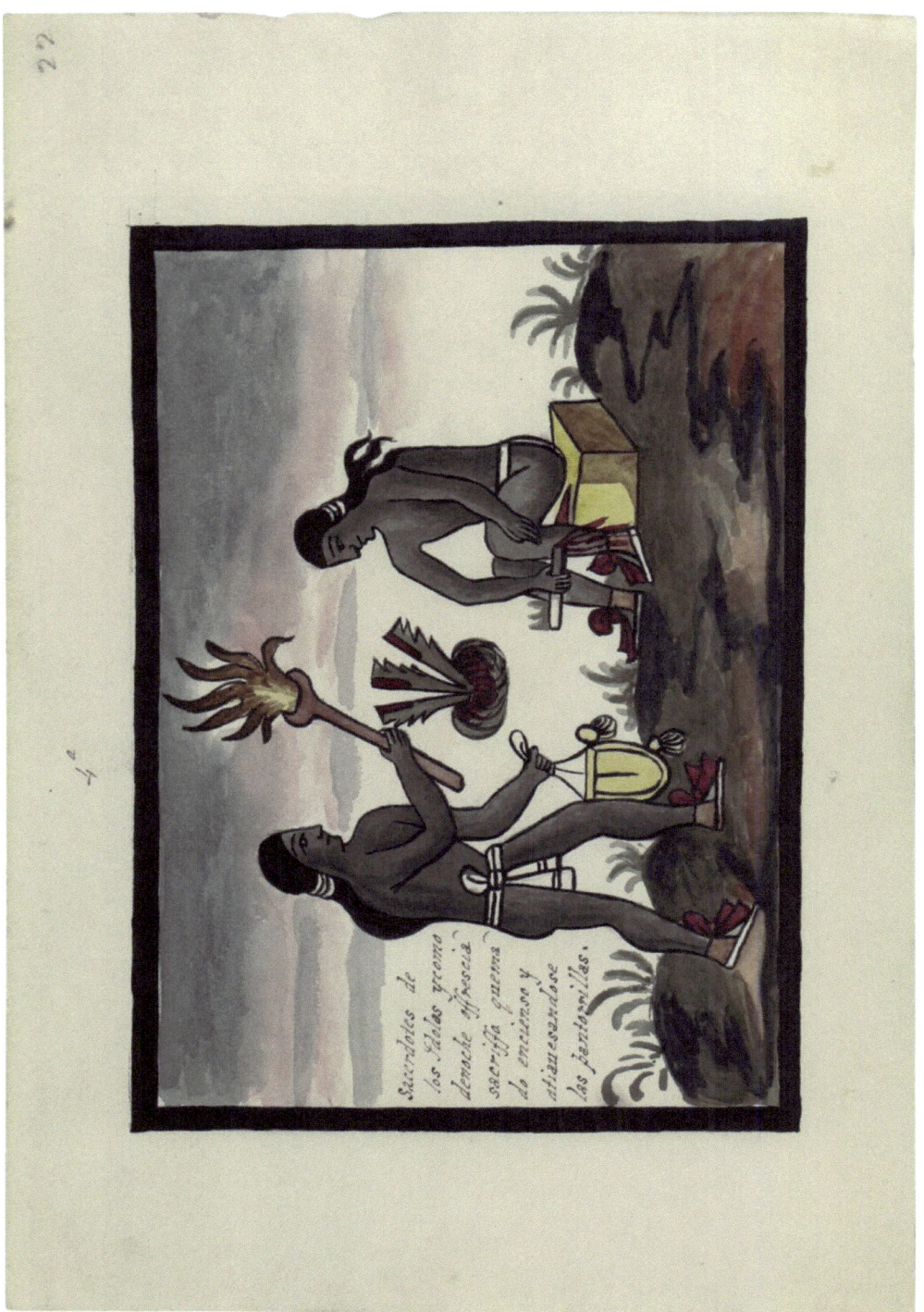

Sacerdotes de
los Idolos yeomo
denache offrescia
sacrifia guerra
do encienov y
atiausandose
las pestecillas.

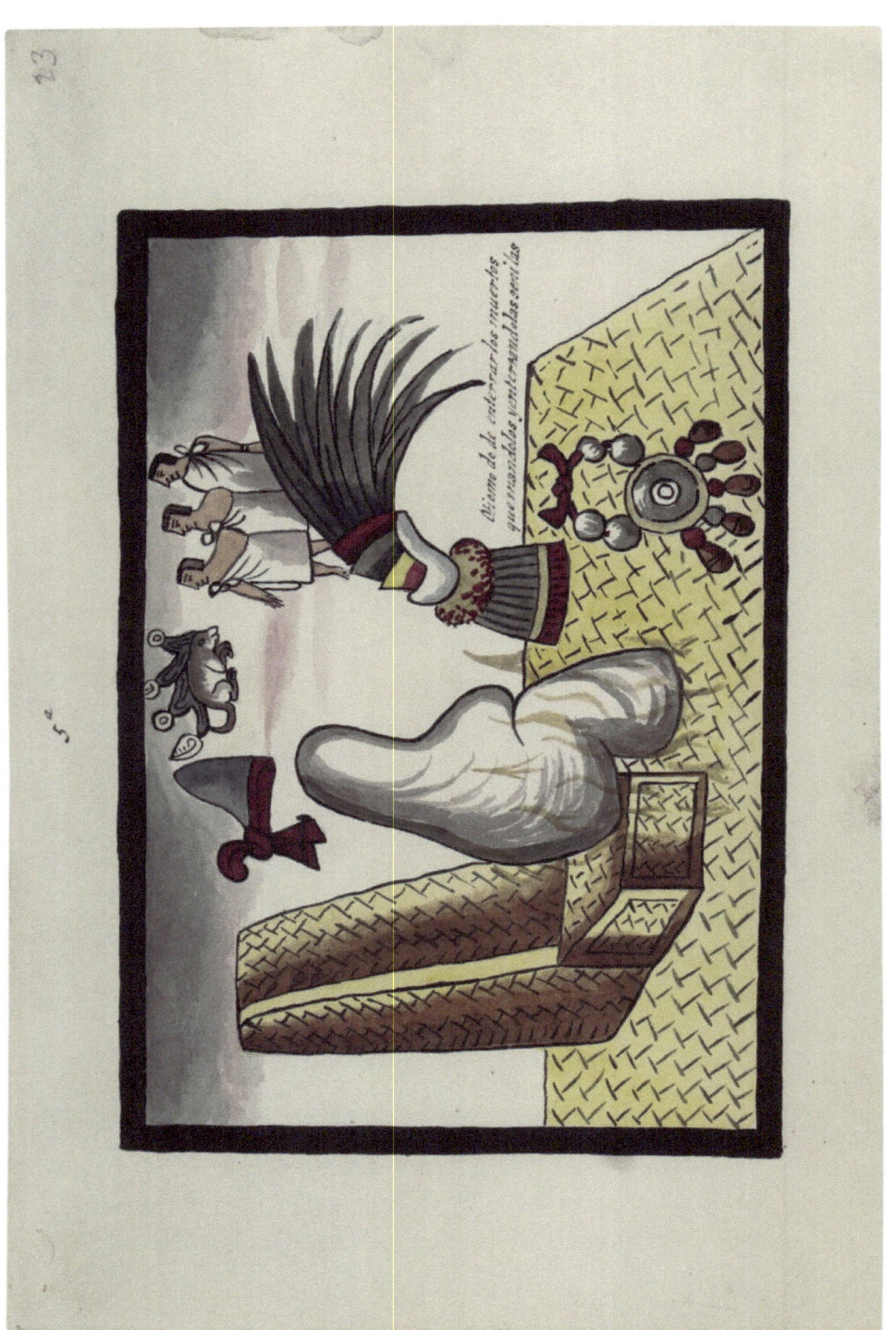

5°

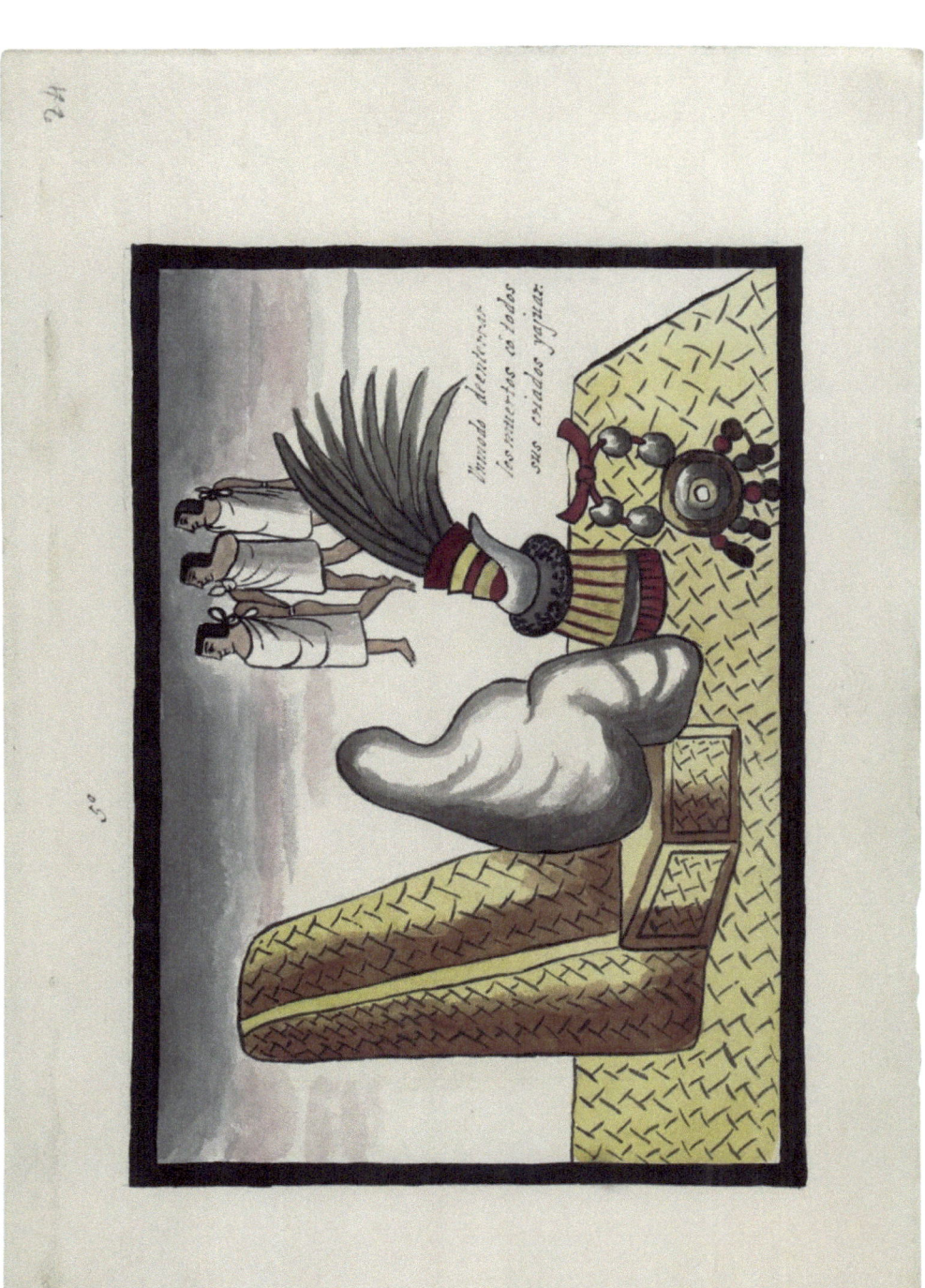

6ª

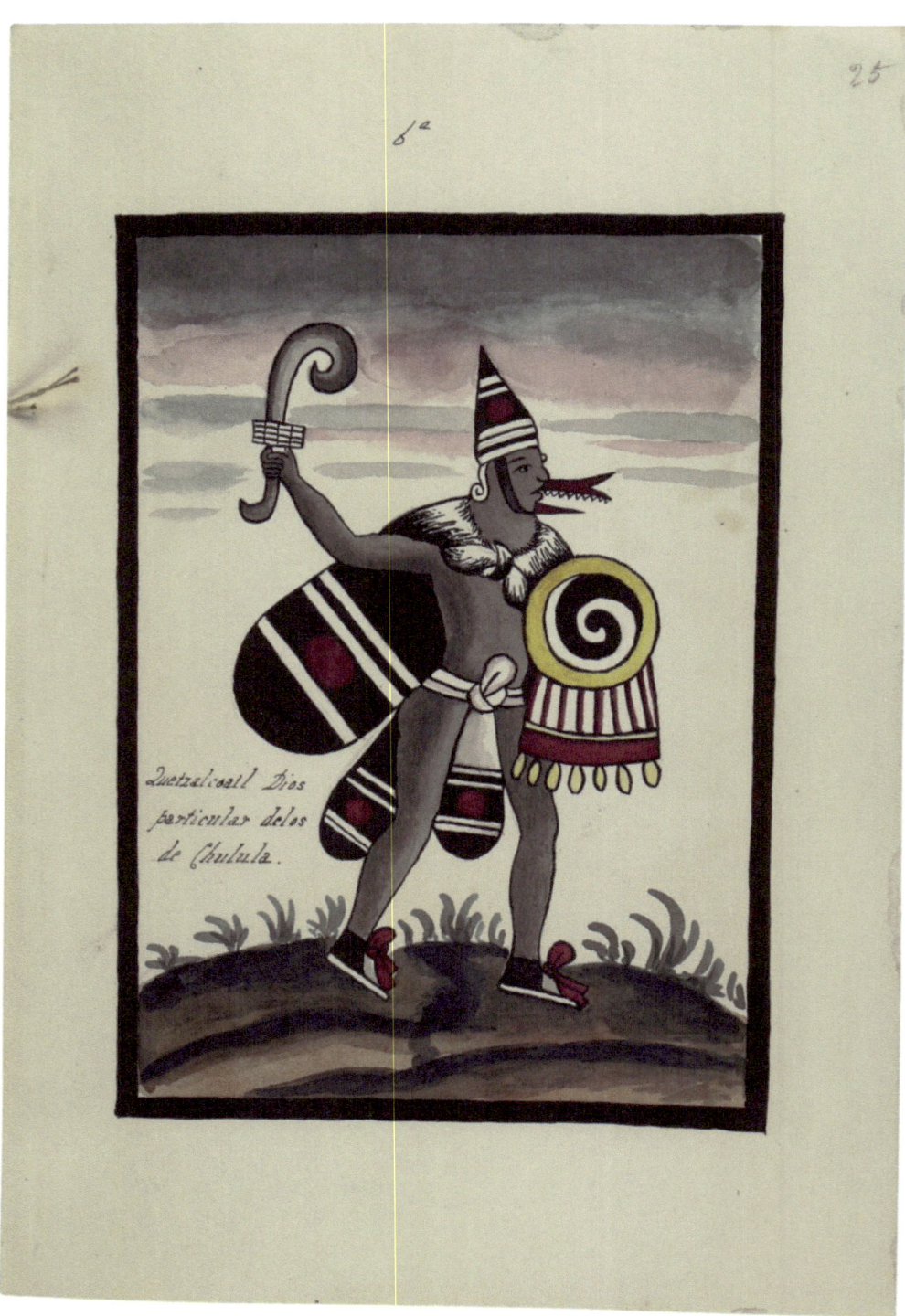

Quetzalcoatl Dios
particular delos
de Chulula.

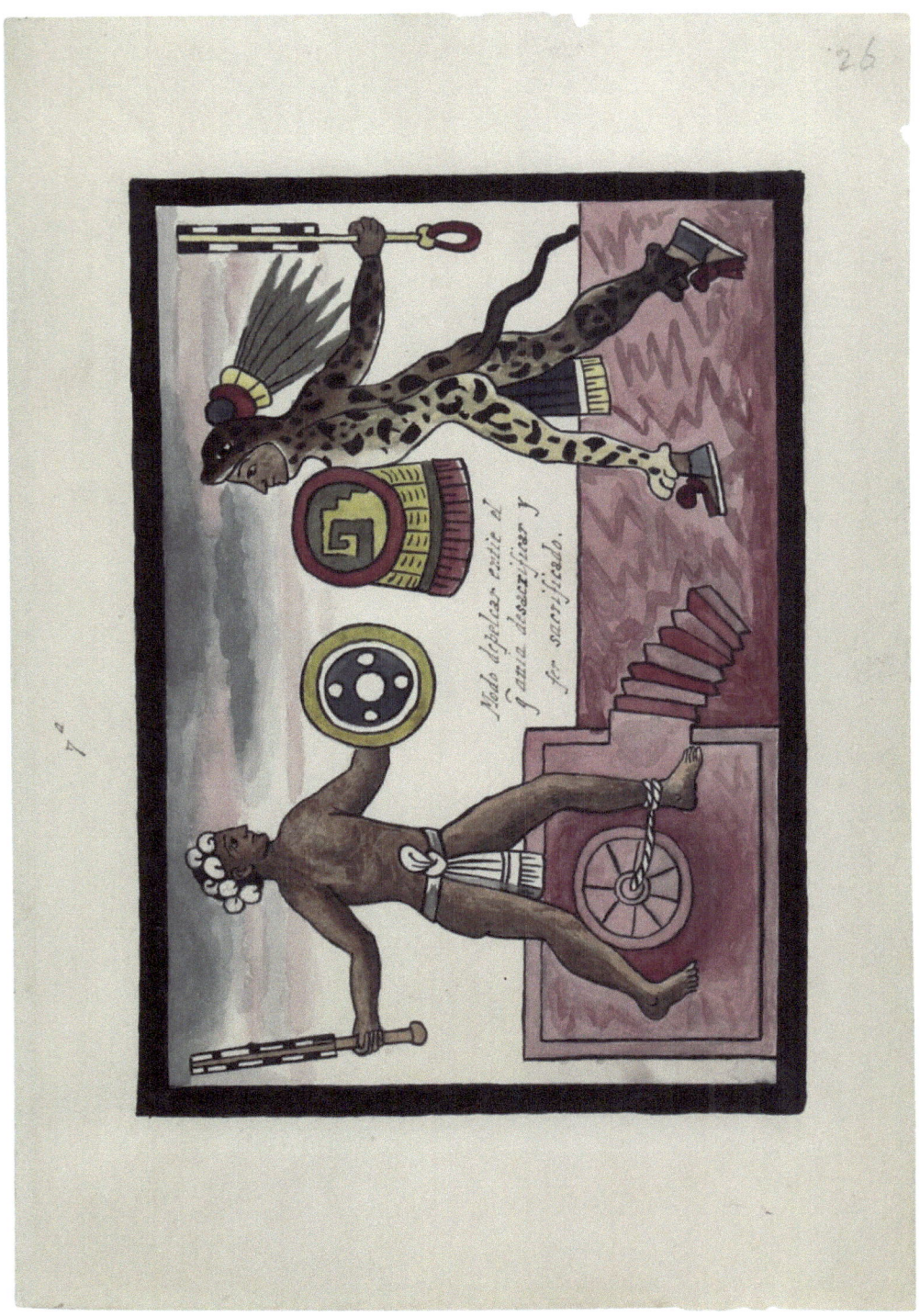

Modo de pelear entre sí ganar desacrificar y ser sacrificado.

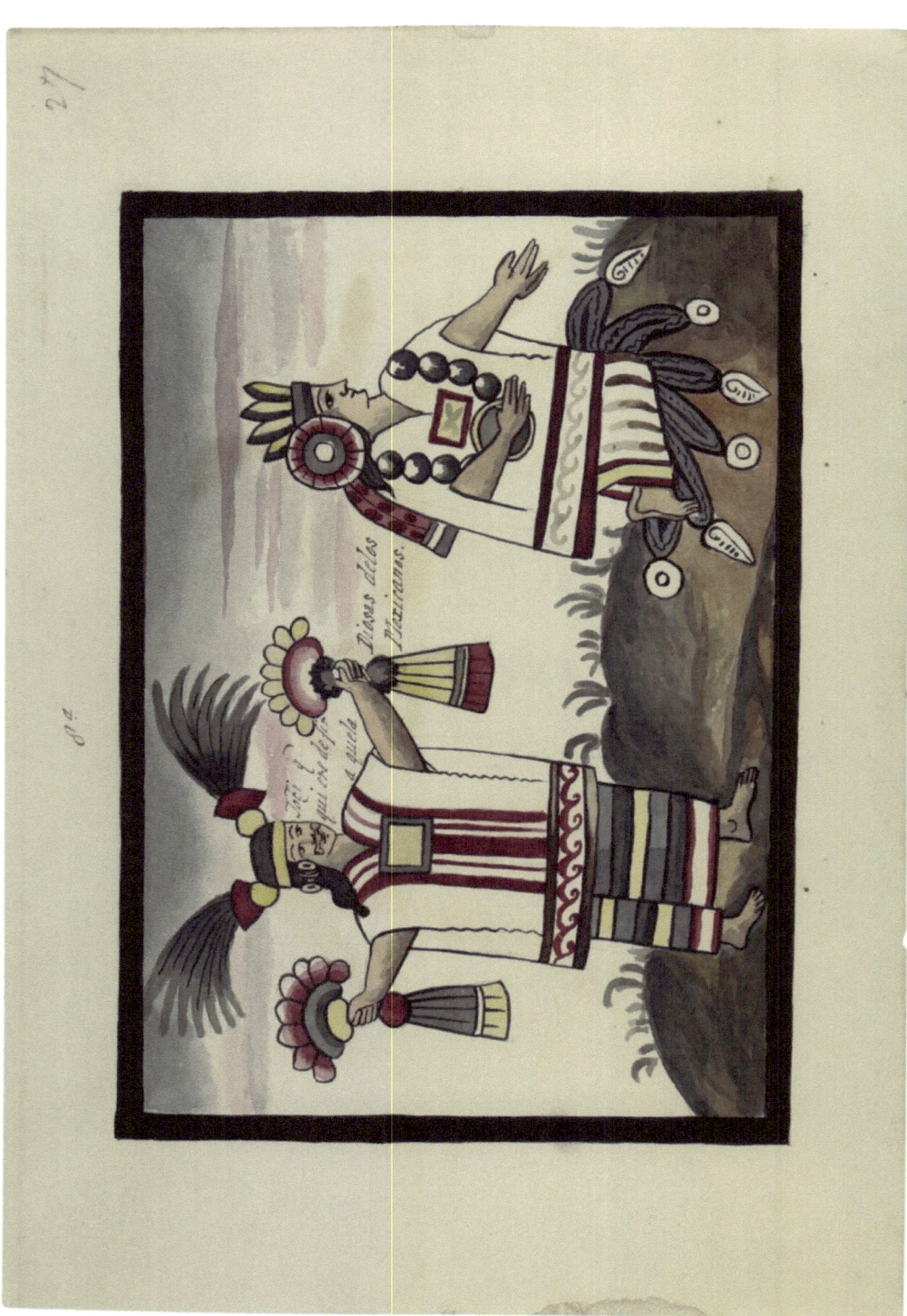

9ª

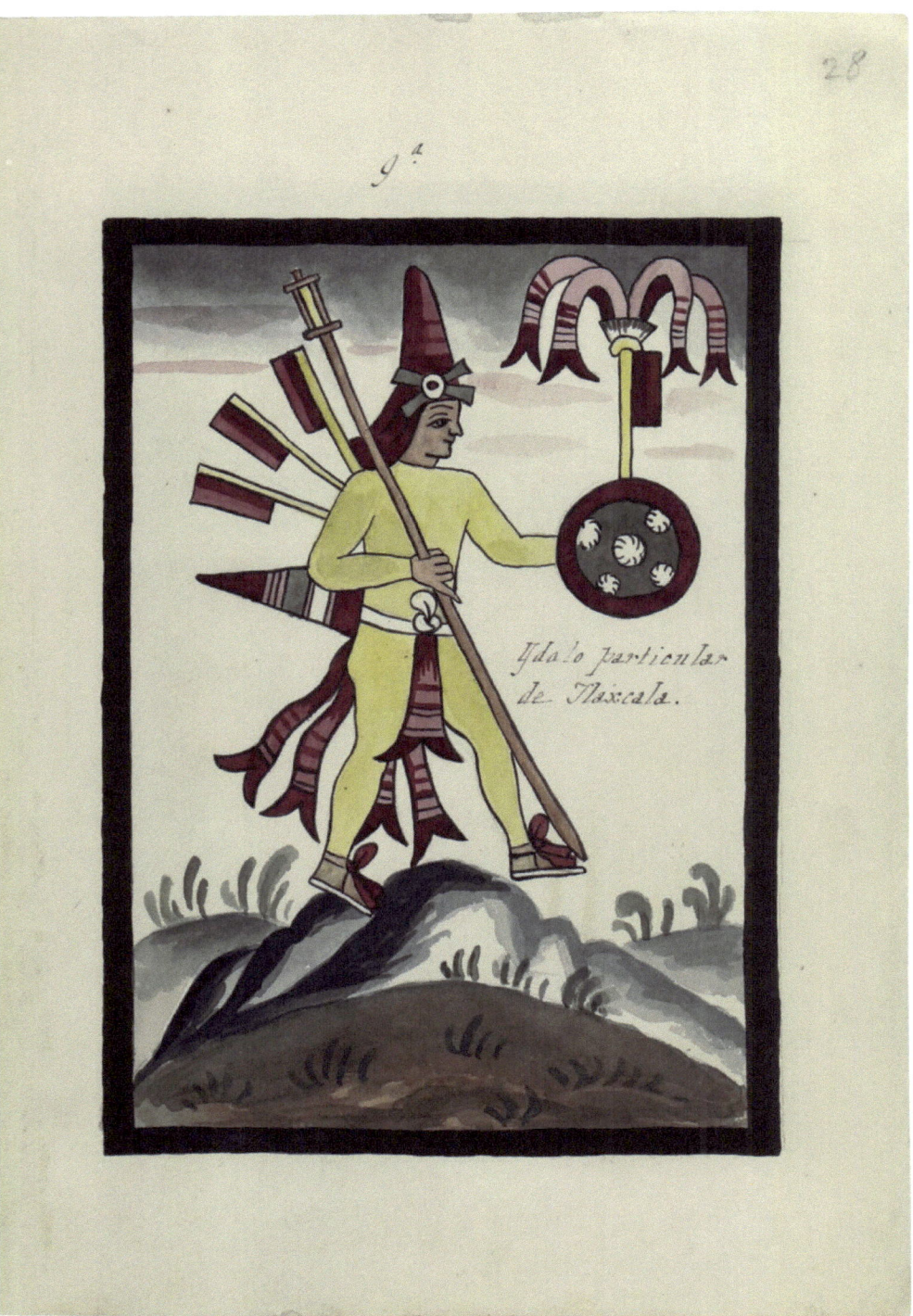

Ydolo particular
de Tlaxcala.

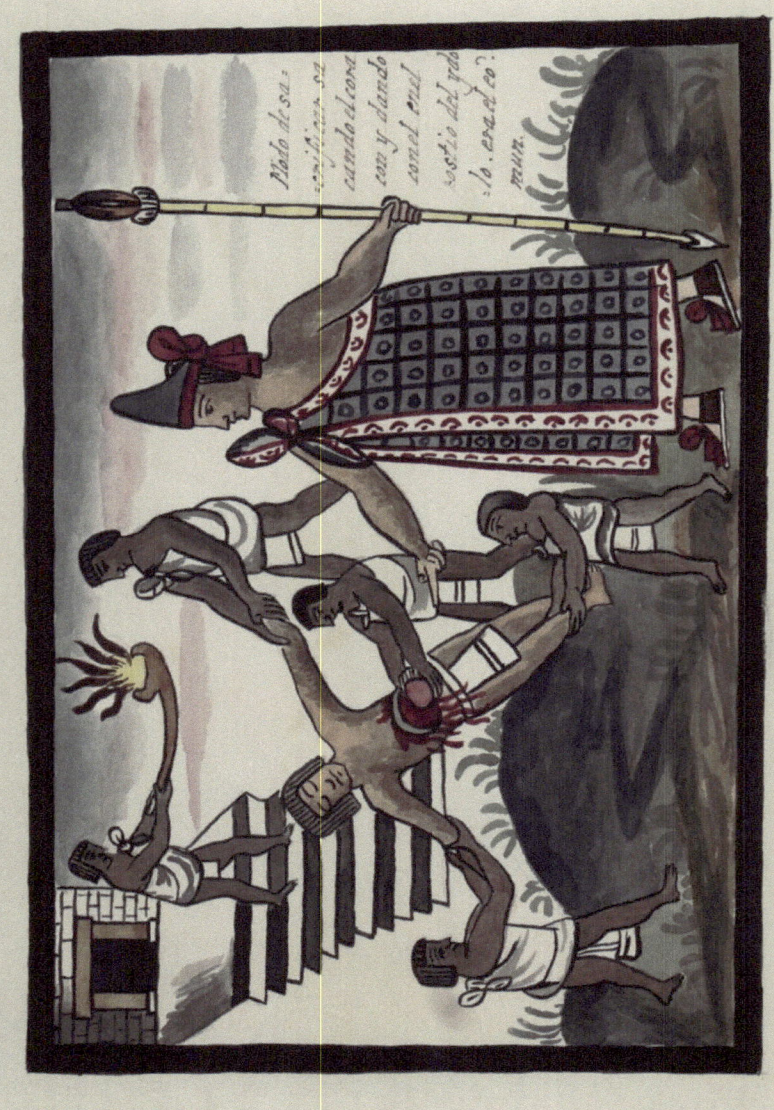

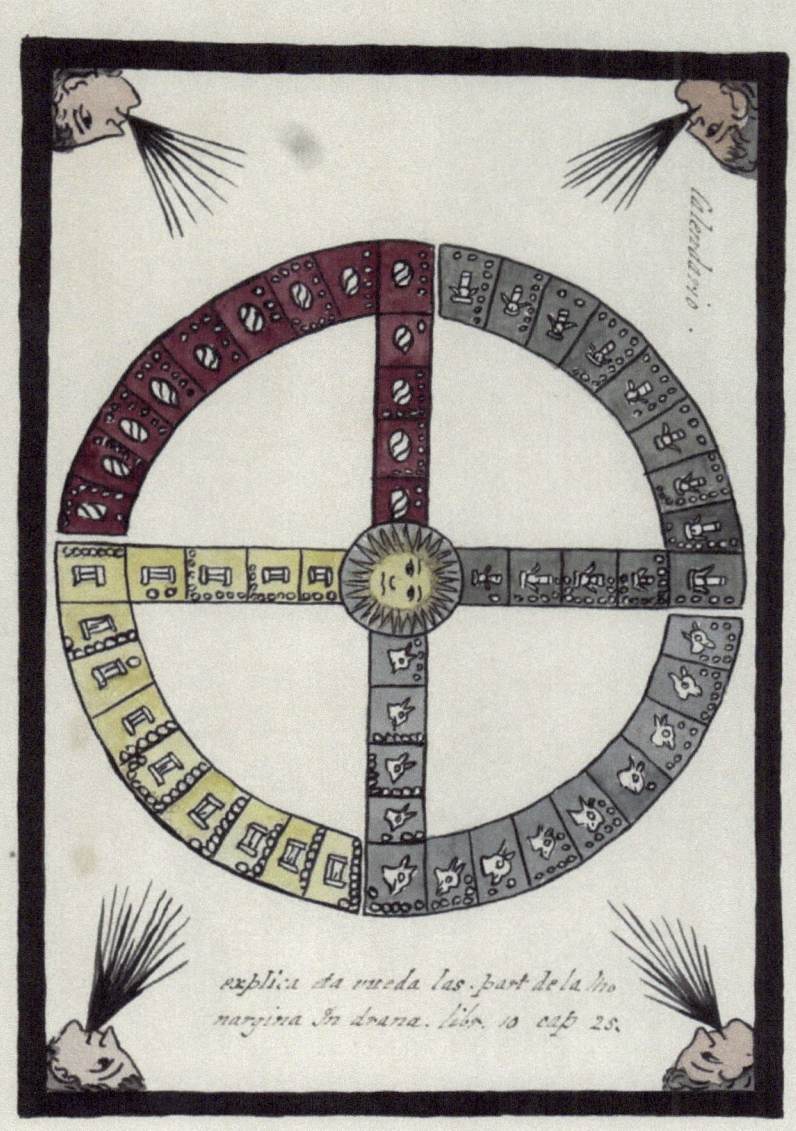

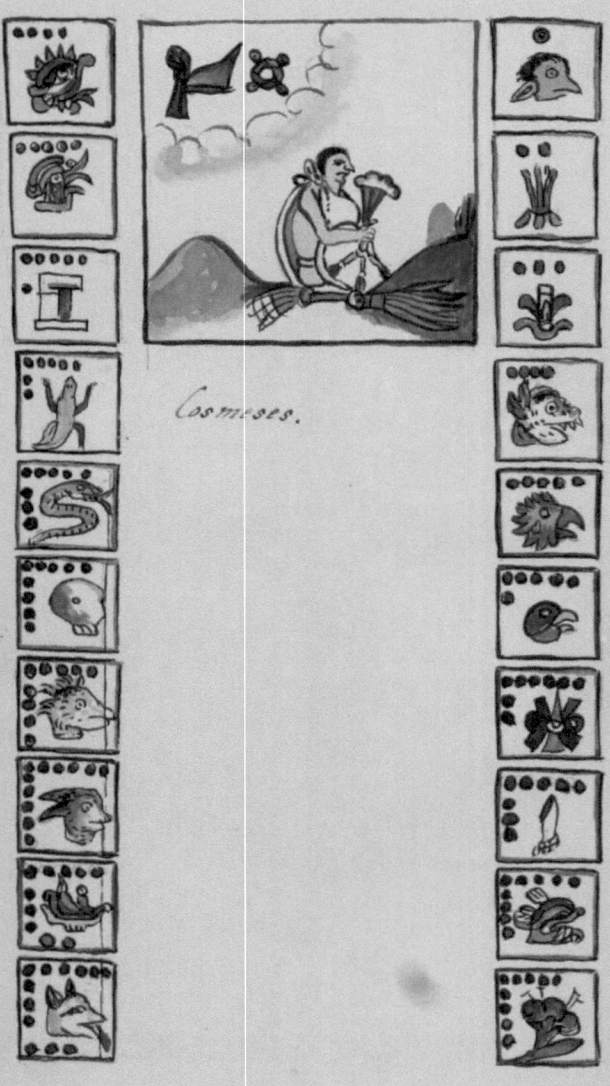

Cosmeses.

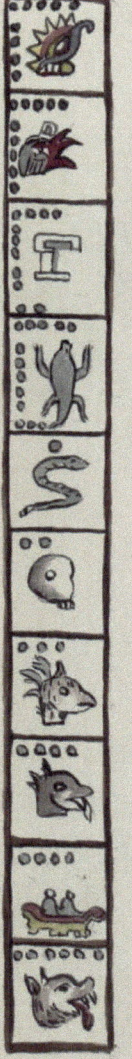

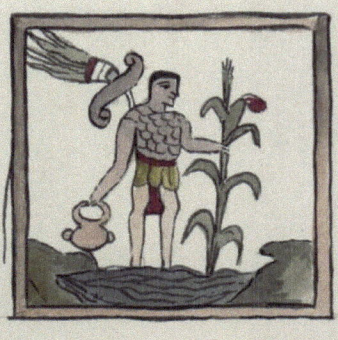

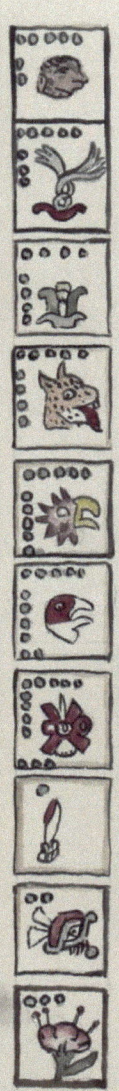

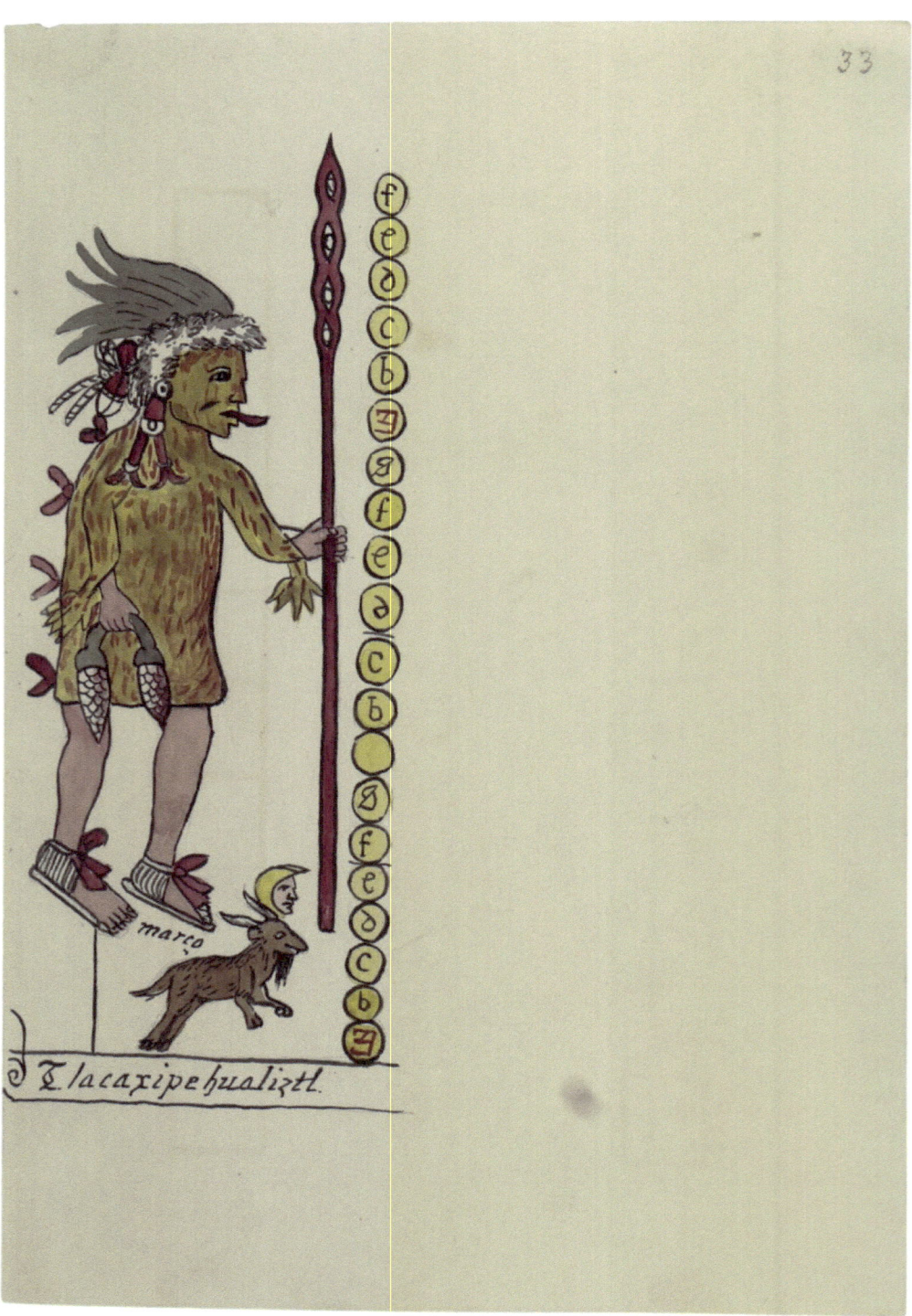

marco

Tlacaxipehualiztl.

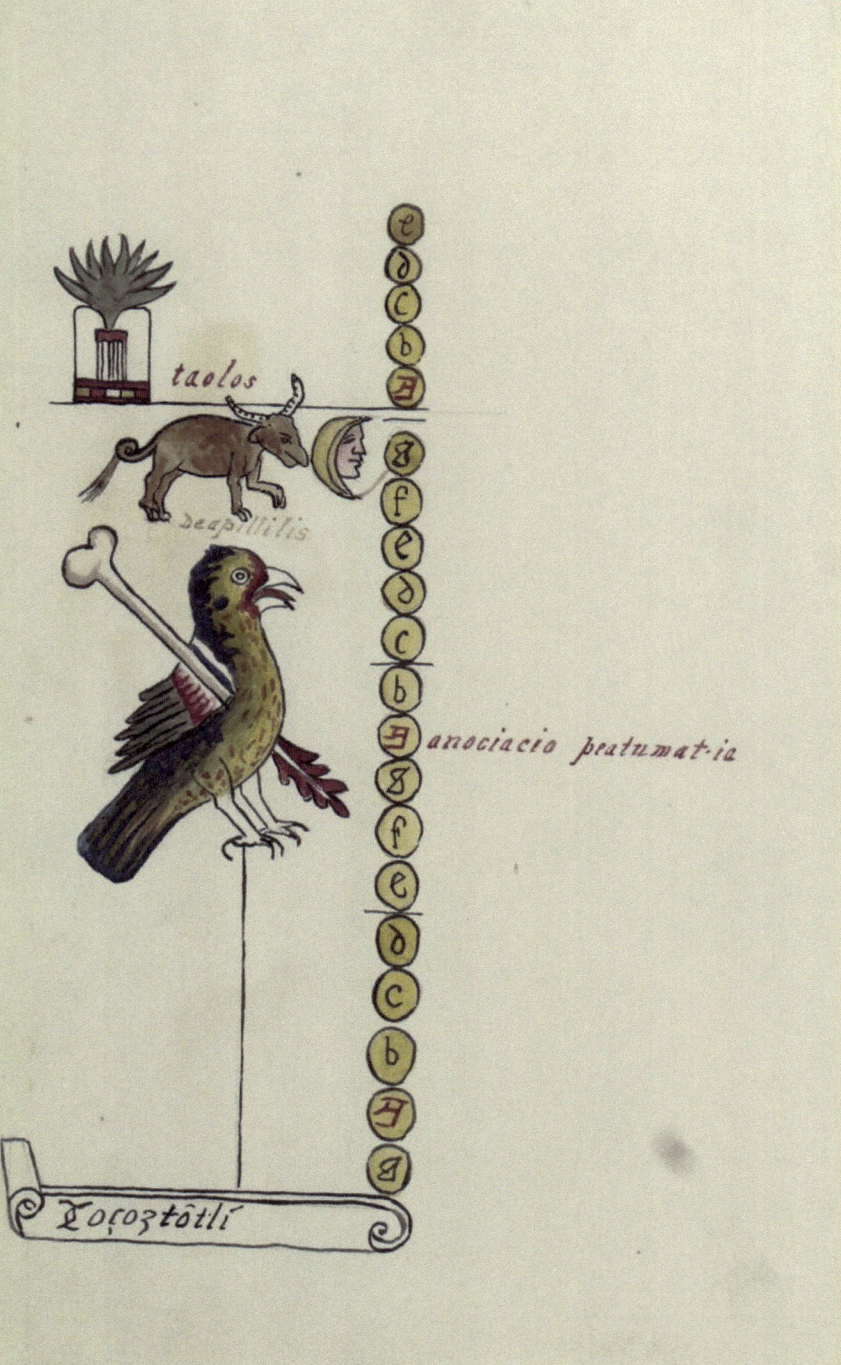

taolos

oeapillilis

anociacio peatumat·ia

Toçoztotli

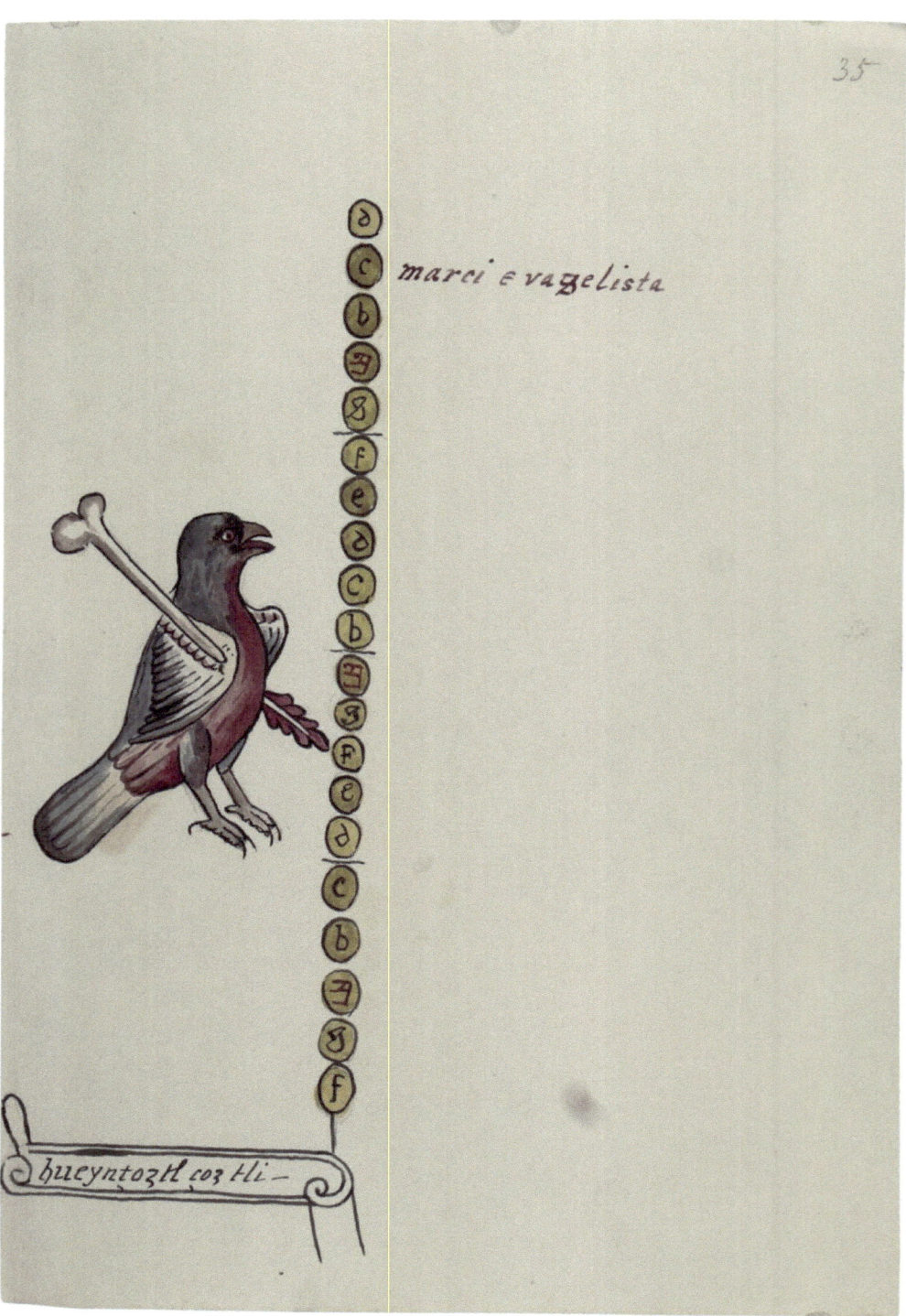

marci evagelista

hucyntozli coz Hi—

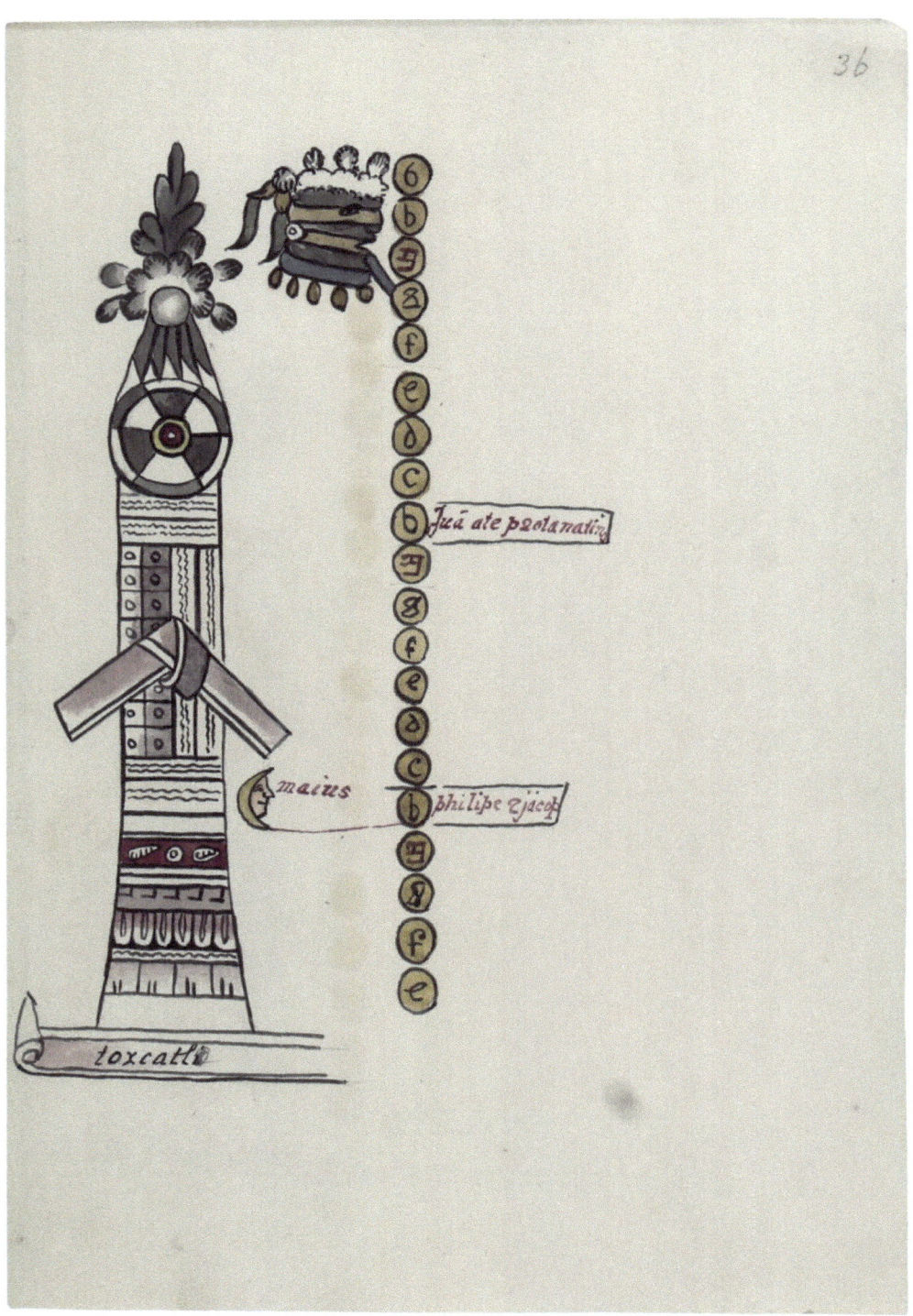

Juã ate protanatim

maius

philipe çjacoh

toxcatl

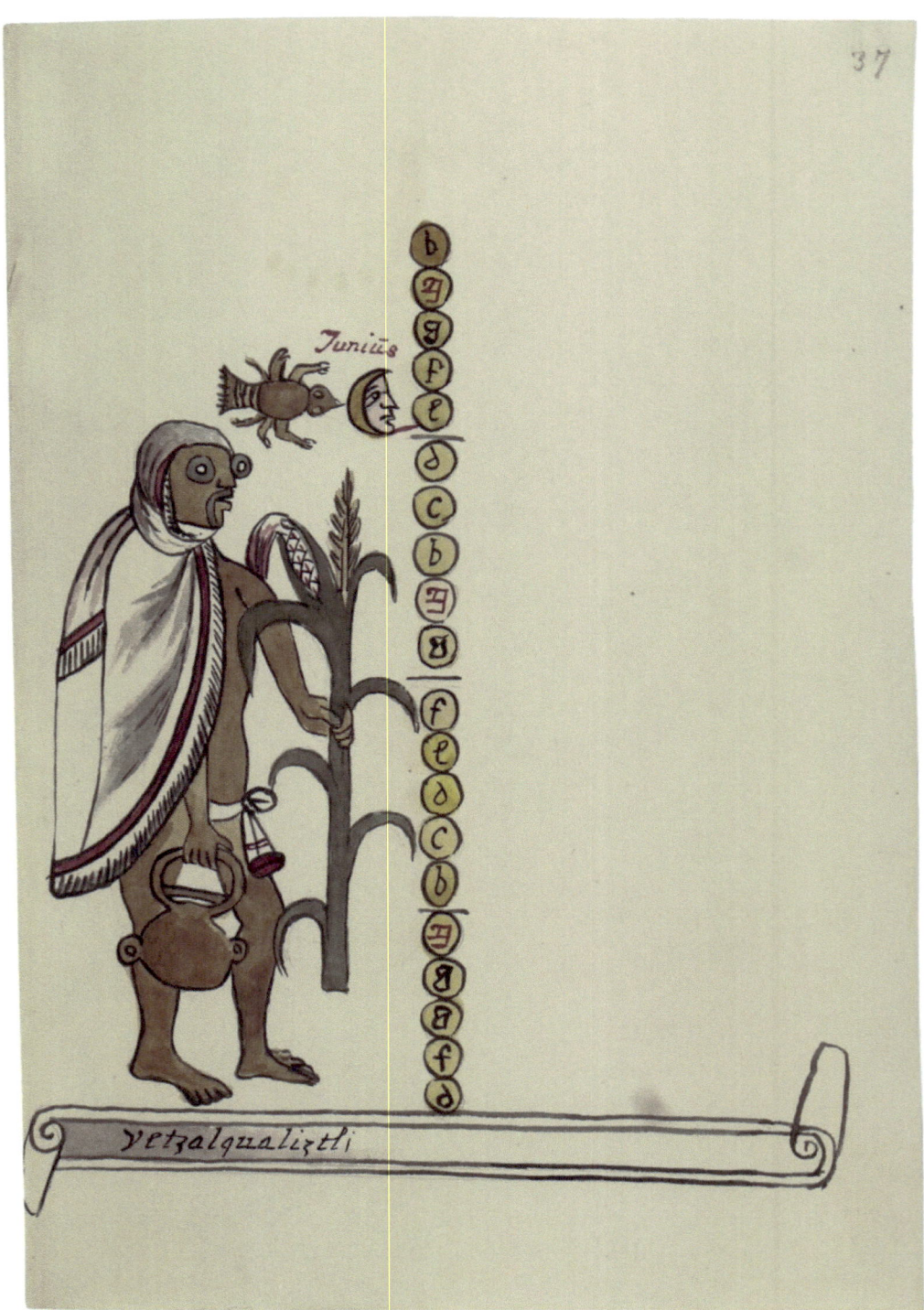

Juniꝰ

b
A
g
f
e
d
c
b
A
R
f
e
c
b
A
R
R
d
f
d

vetzalqualiztli

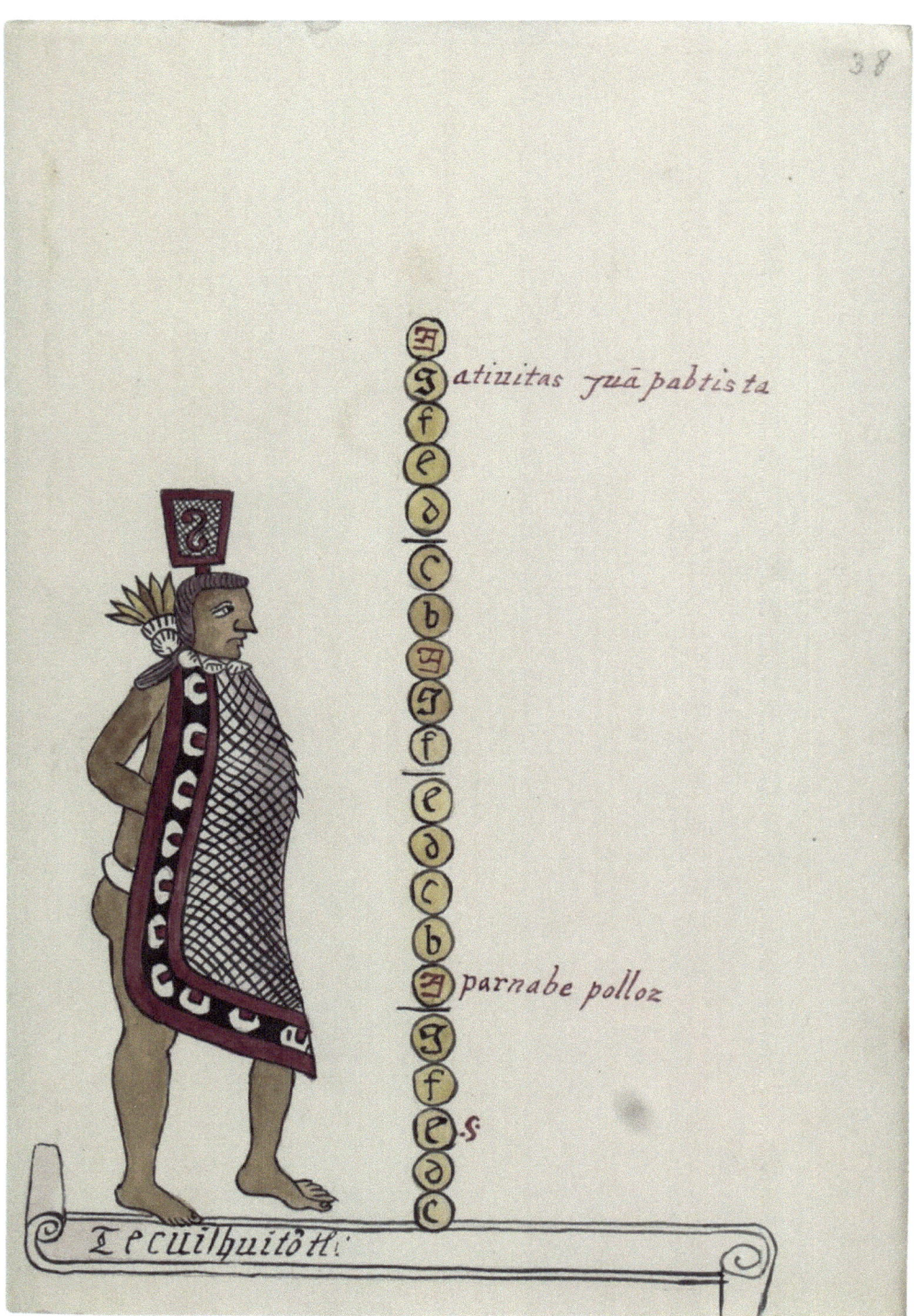

atiuitas yuã pabtista

parnabe polloz

.s.

Tecuilhuitõtl'

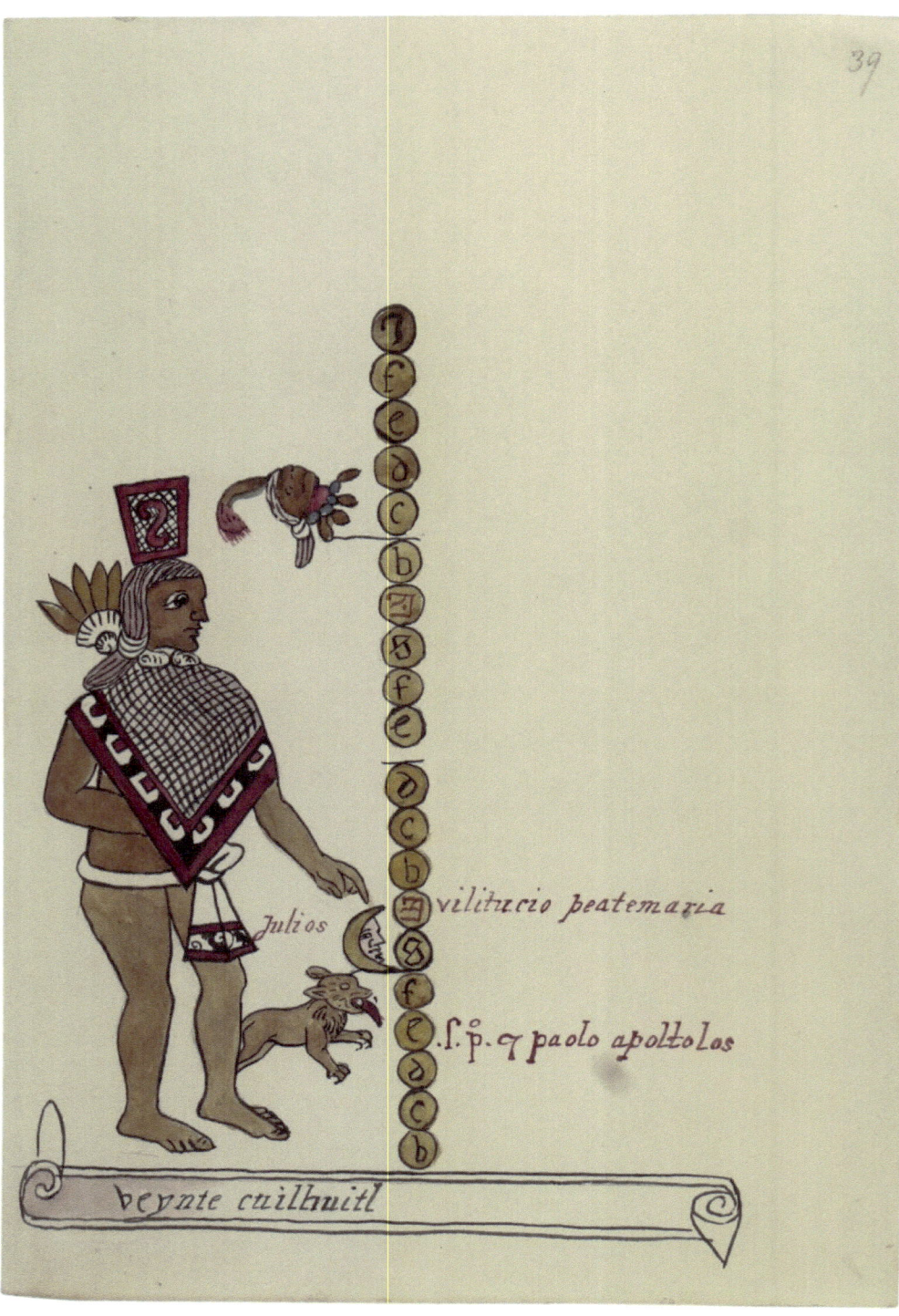

julios

vilitucio peatemaria

.s.p. ꝙ paolo apoltolos

veynte cuilhuitl

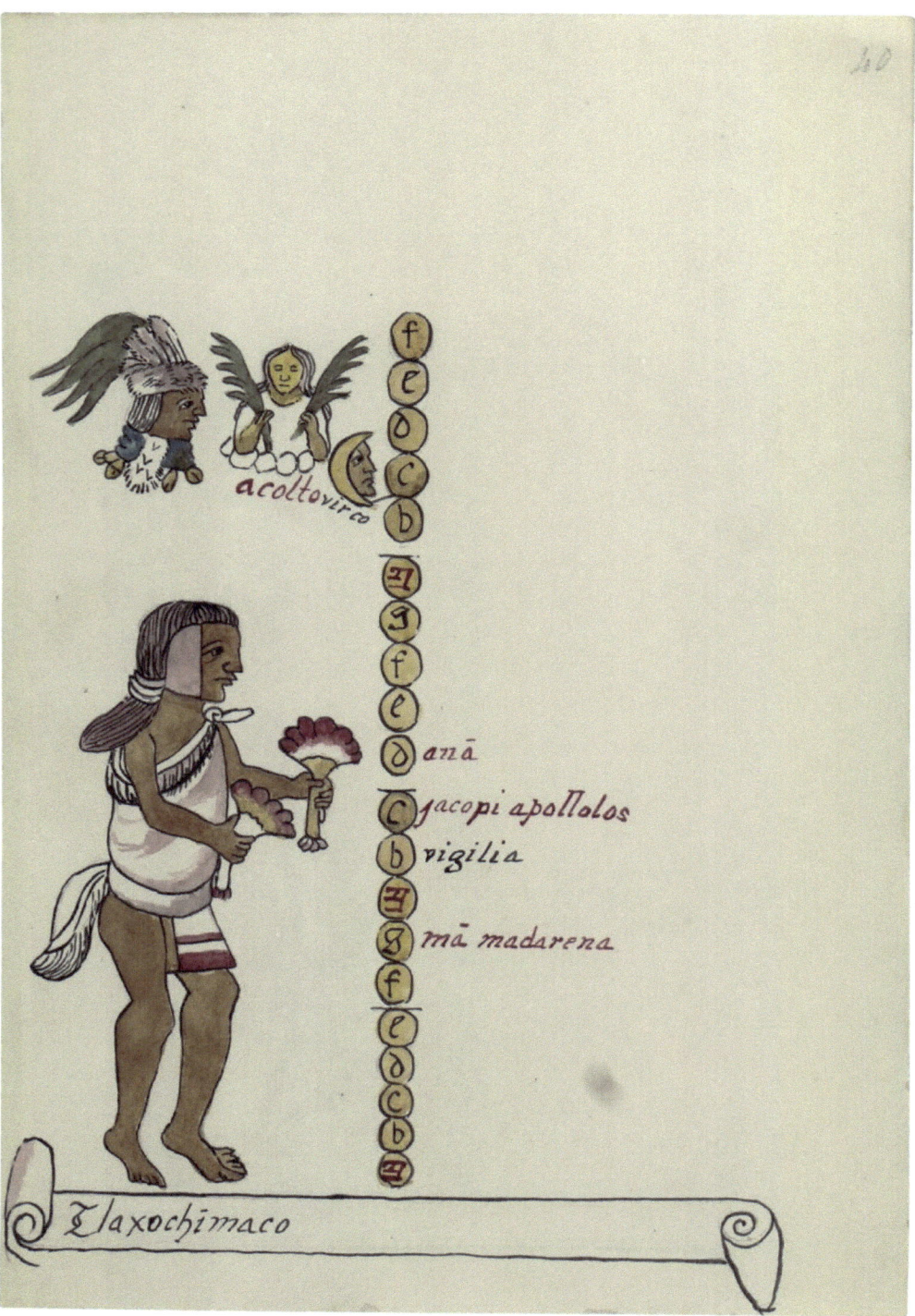

acoltovirco

f
e
d
c
b
A
g
f
e
d — anā
c — yacopi apollolos
b — vigilia
A
g — mā madarena
f
e
d
c
b
A

Tlaxochimaco

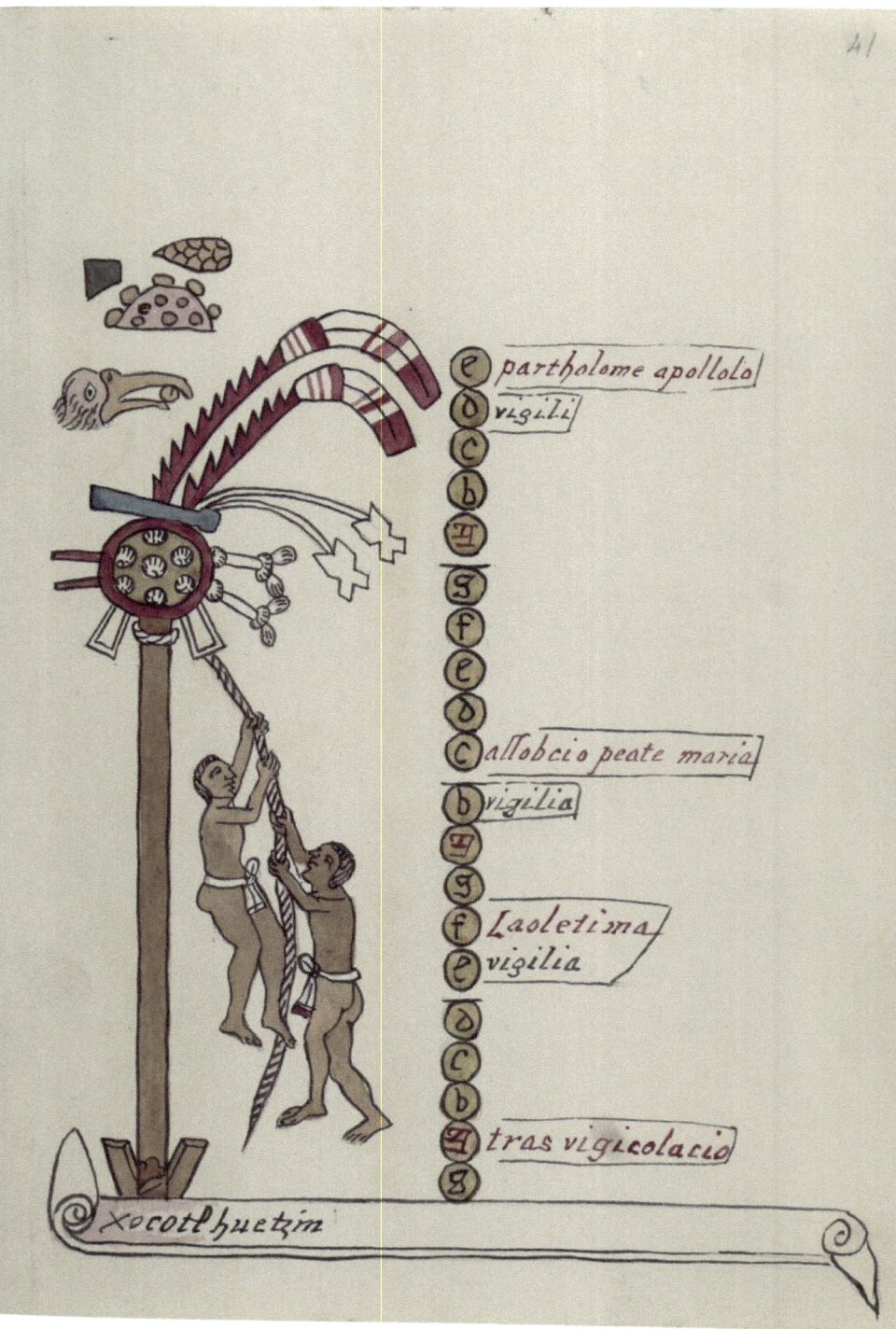

partholome apollolo
vigili

allobcio peate maria
vigilia

Laoletima
vigilia

tras vigicolacio

Xocotlhuetzin

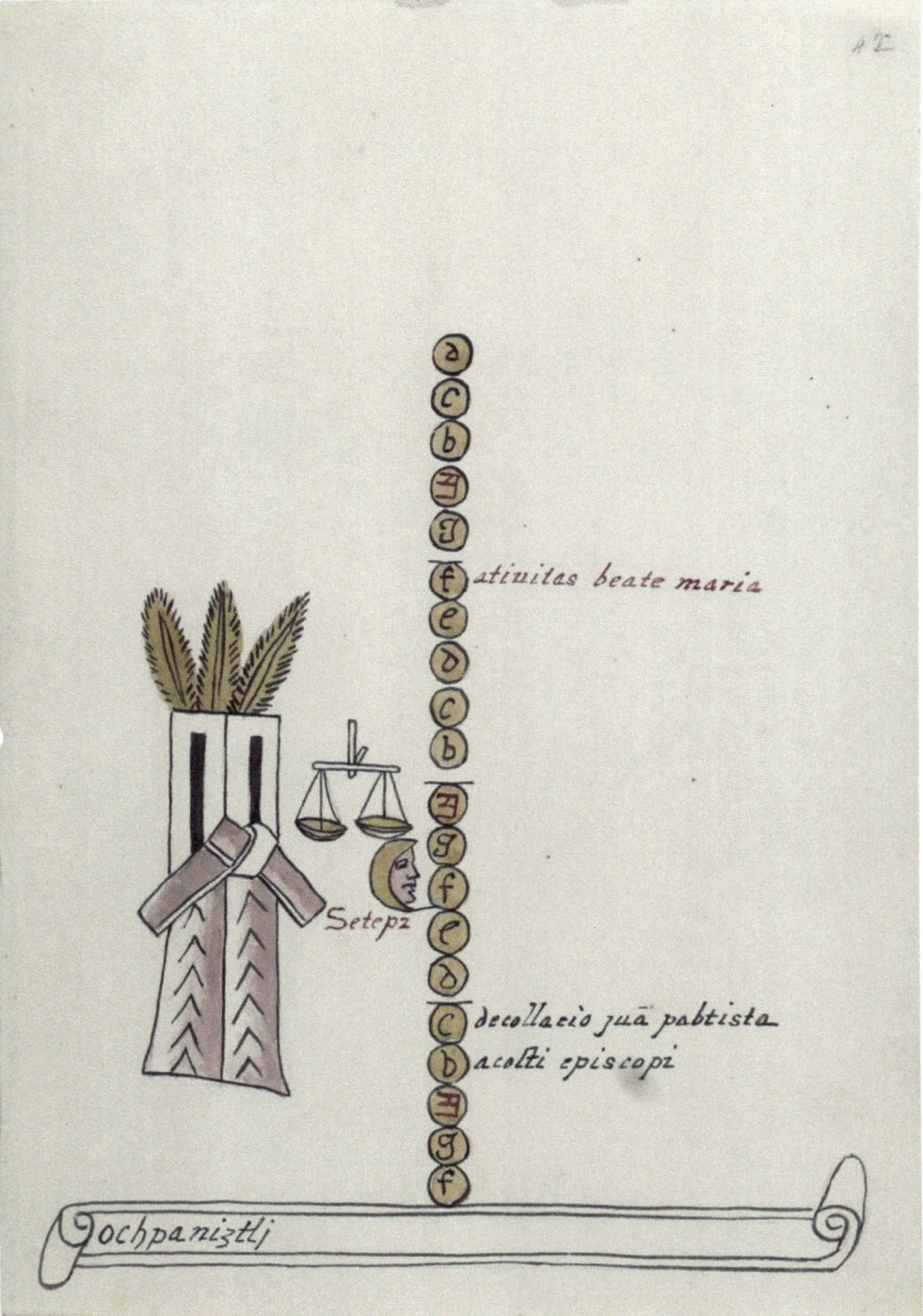

atiuitas beate maria

Setepz

decollacio juã pabtista

acolti episcopi

ochpaniztli

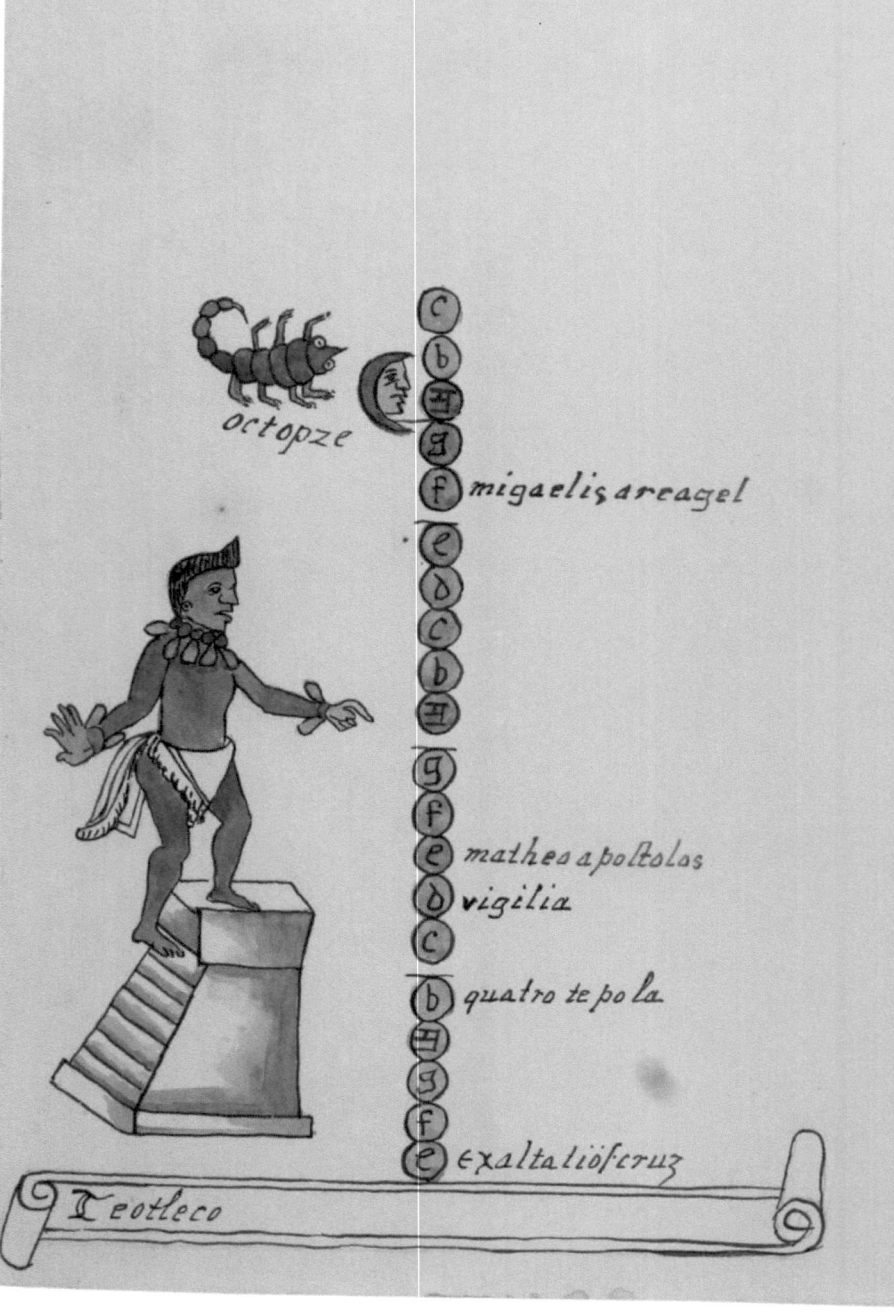

octopze

c
b
H
g
f · migaelisarcagel
e
d
c
b
H
g
f
e · matheo apostolos
d · vigilia
c
b · quatro te po la
H
g
f
e · exaltaliöfcruz

Teotleco

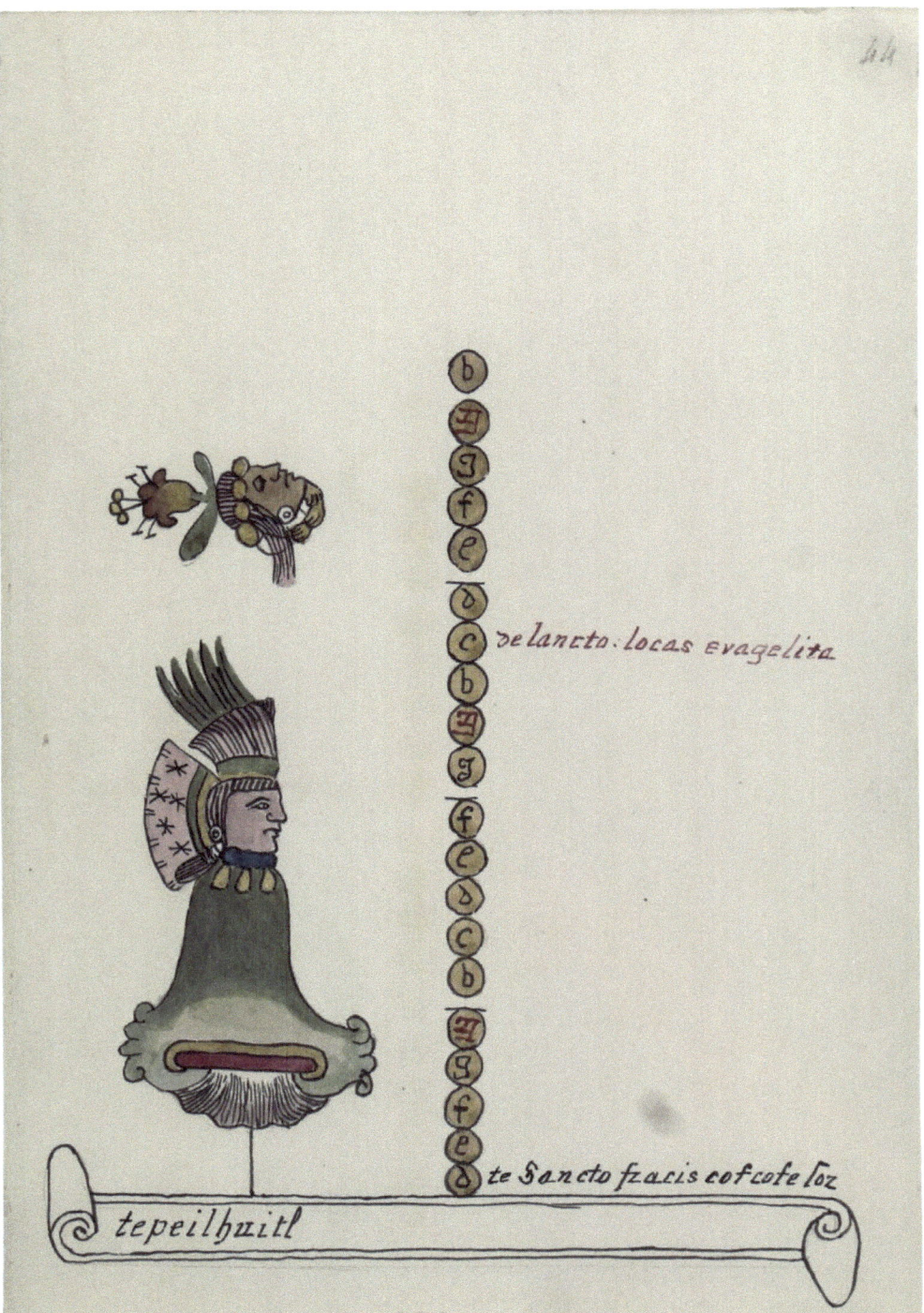

de lan^{cto}. locas evagelita

te Sancto fracis cof cofe foz

tepeilhuitl

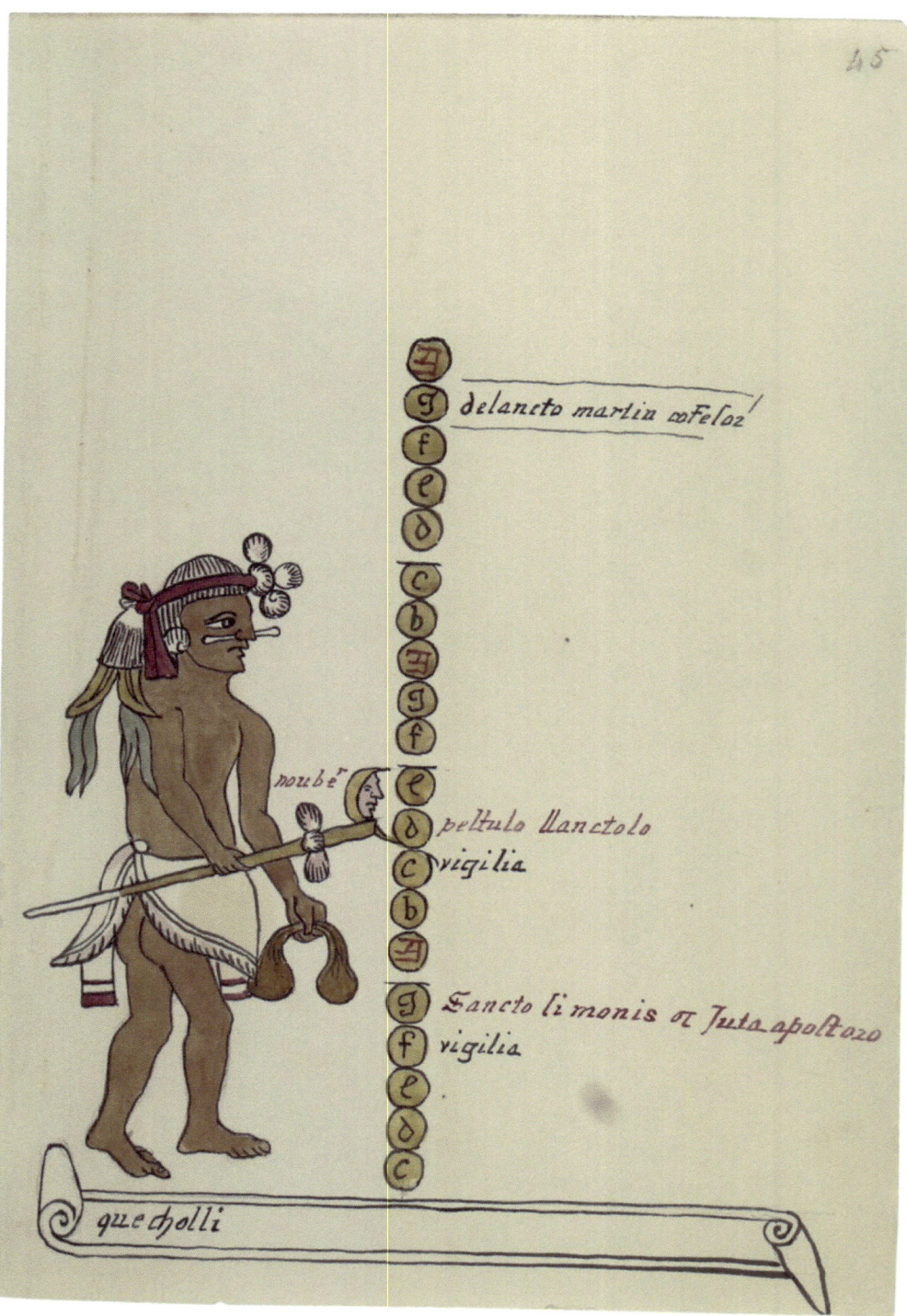

delancto martin coFeloz

noube⁵

peltulo llanctolo
vigilia

Sancto li monis σ Juta apostozo
vigilia

quecholli

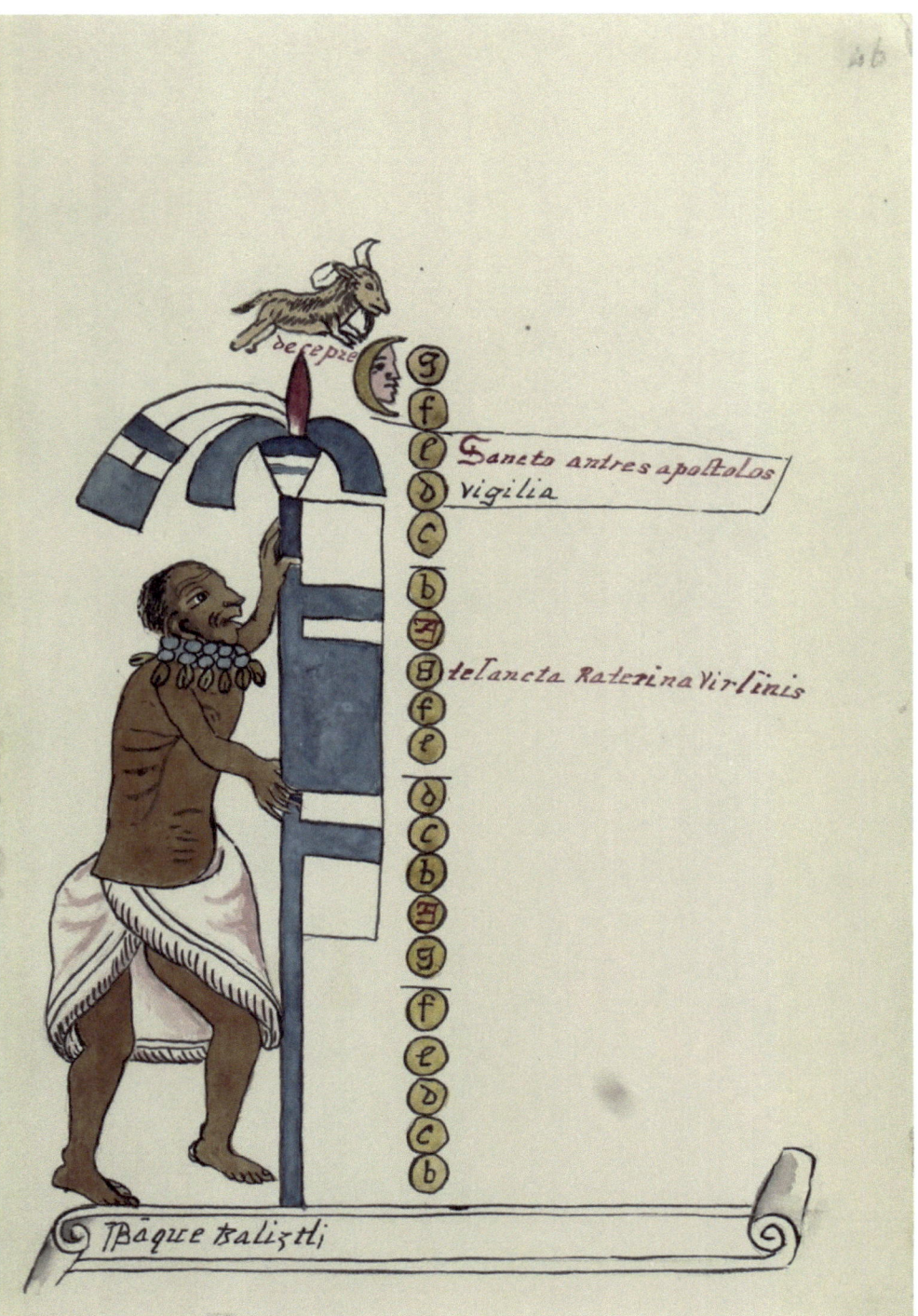

decepre

Sancto antres apostolos
vigilia

telancta Raterina Virginis

Tāque Balizth

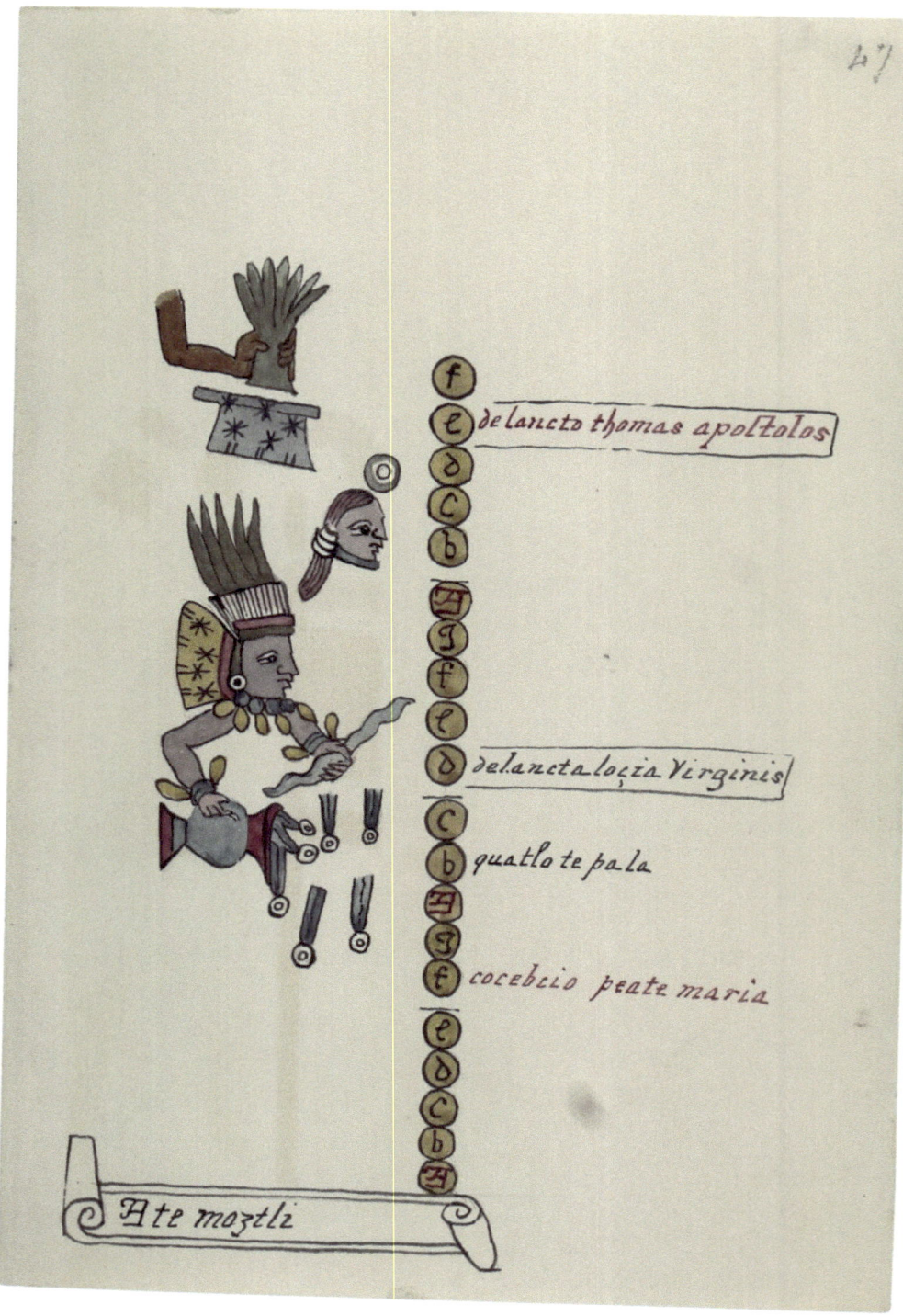

f

e   de lancto thomas apoltolos

d

c

b

a

f

e

d   de lancta loçia Virginis

c

b   quatlo te pa la

a

a

f   cocebcio peate maria

e

d

c

b

a

Ate moztli

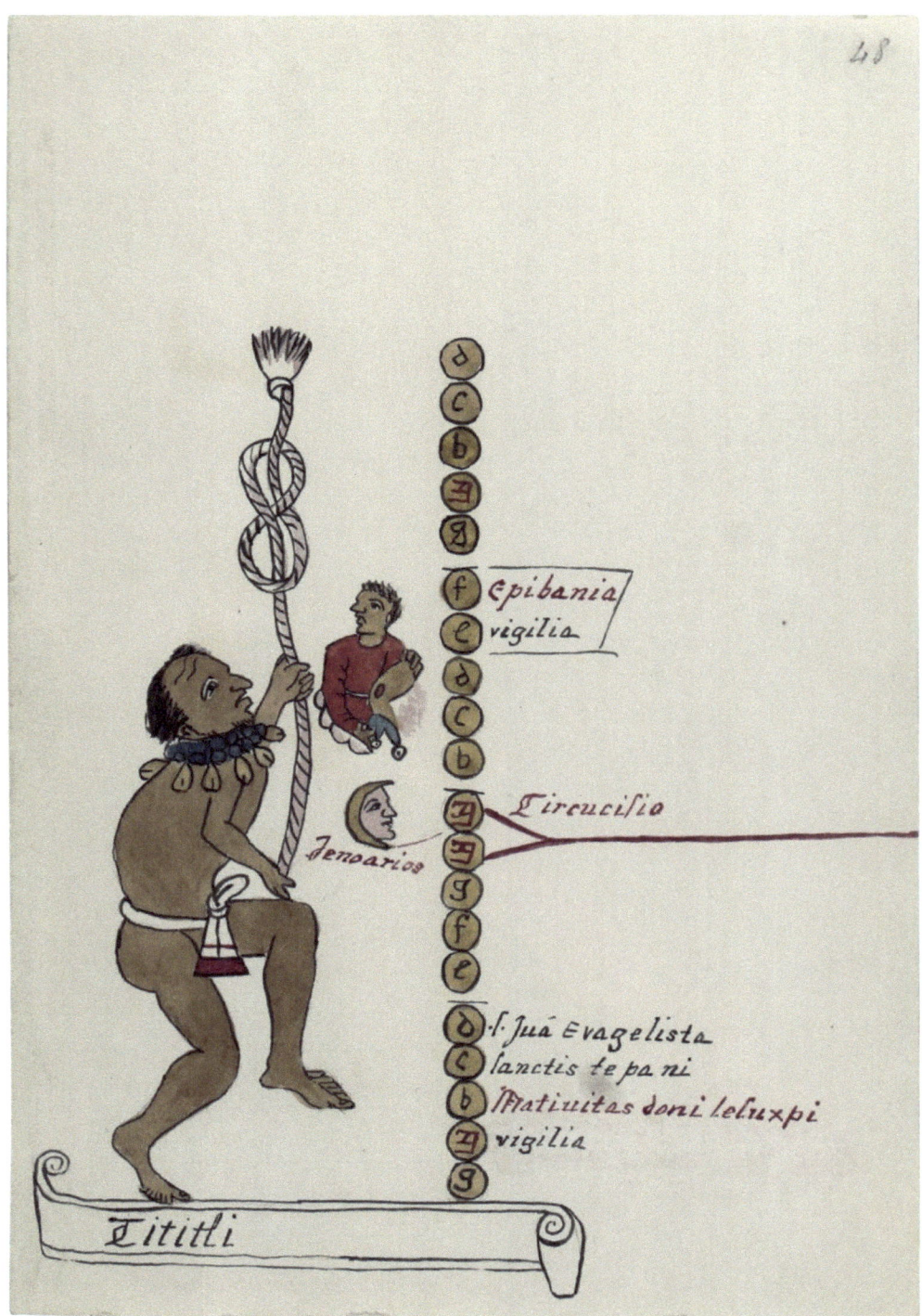

epibania

vigilia

Circucisio

Jenoarios

·s· Juā Evagelista

sanctis te pa ni

Matiuitas doni leluxpi

vigilia

Tititli

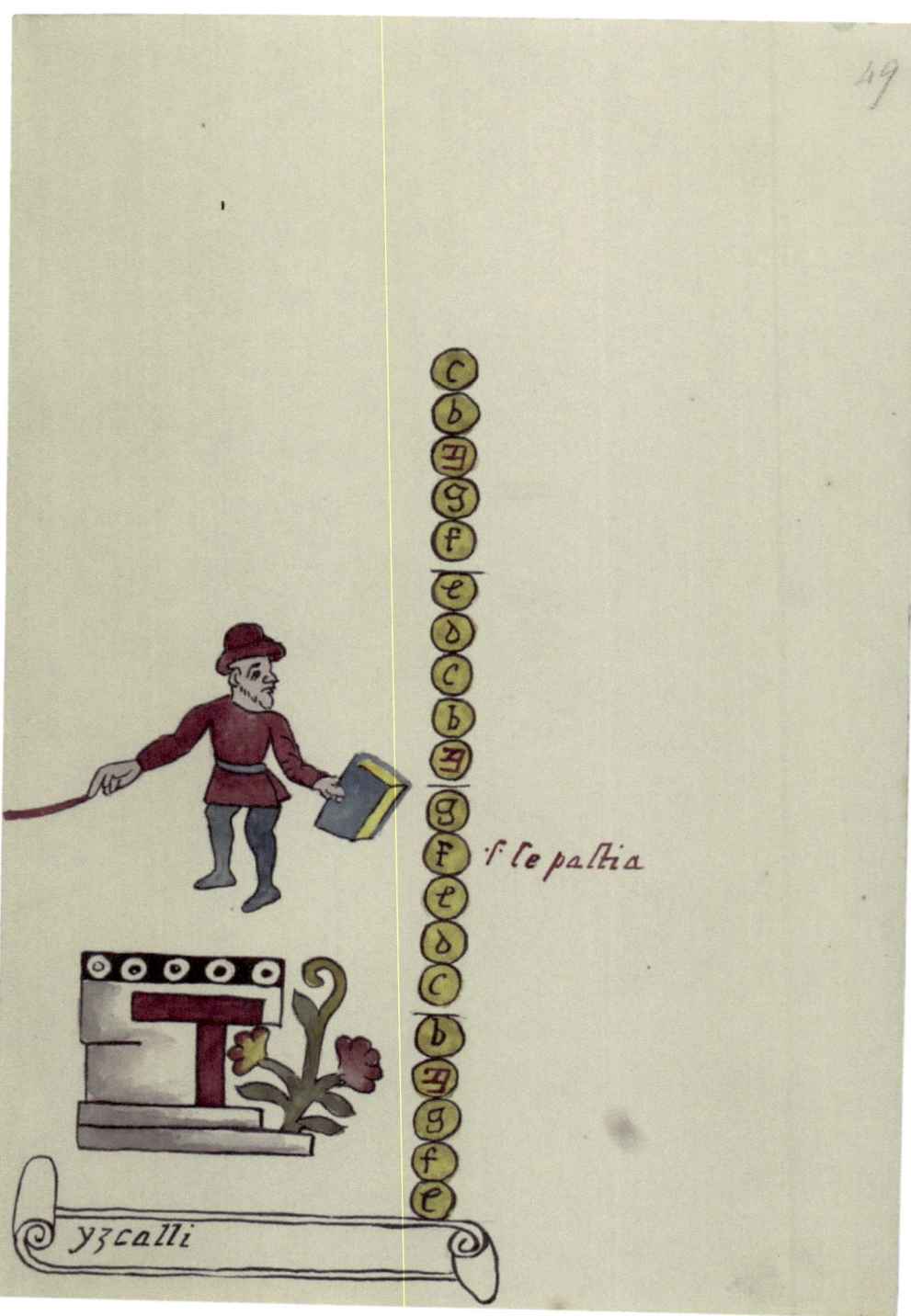

f le paltia

yzcalli

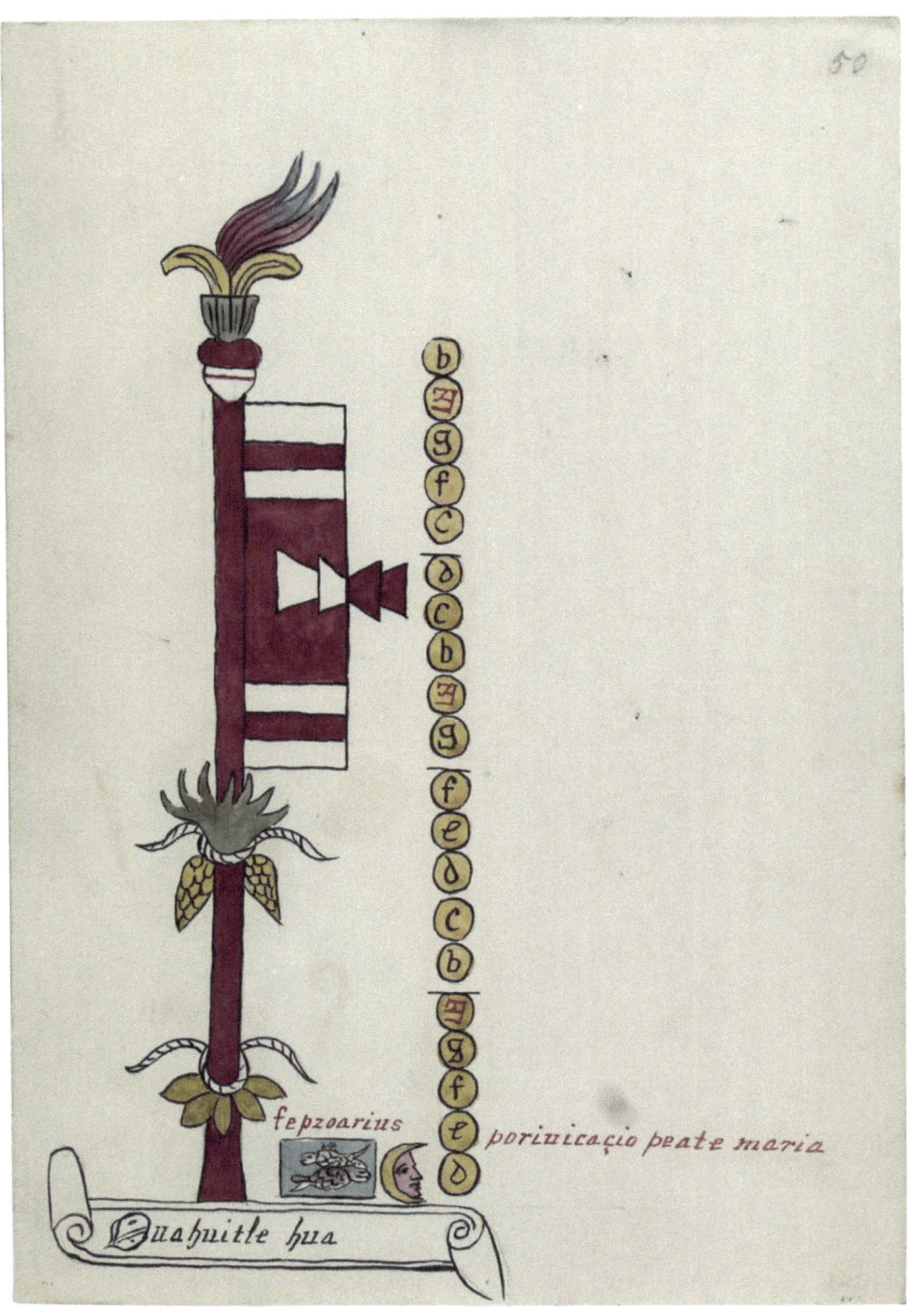

fepzoarius

porivicaçio peate maria

Quahuitle hua

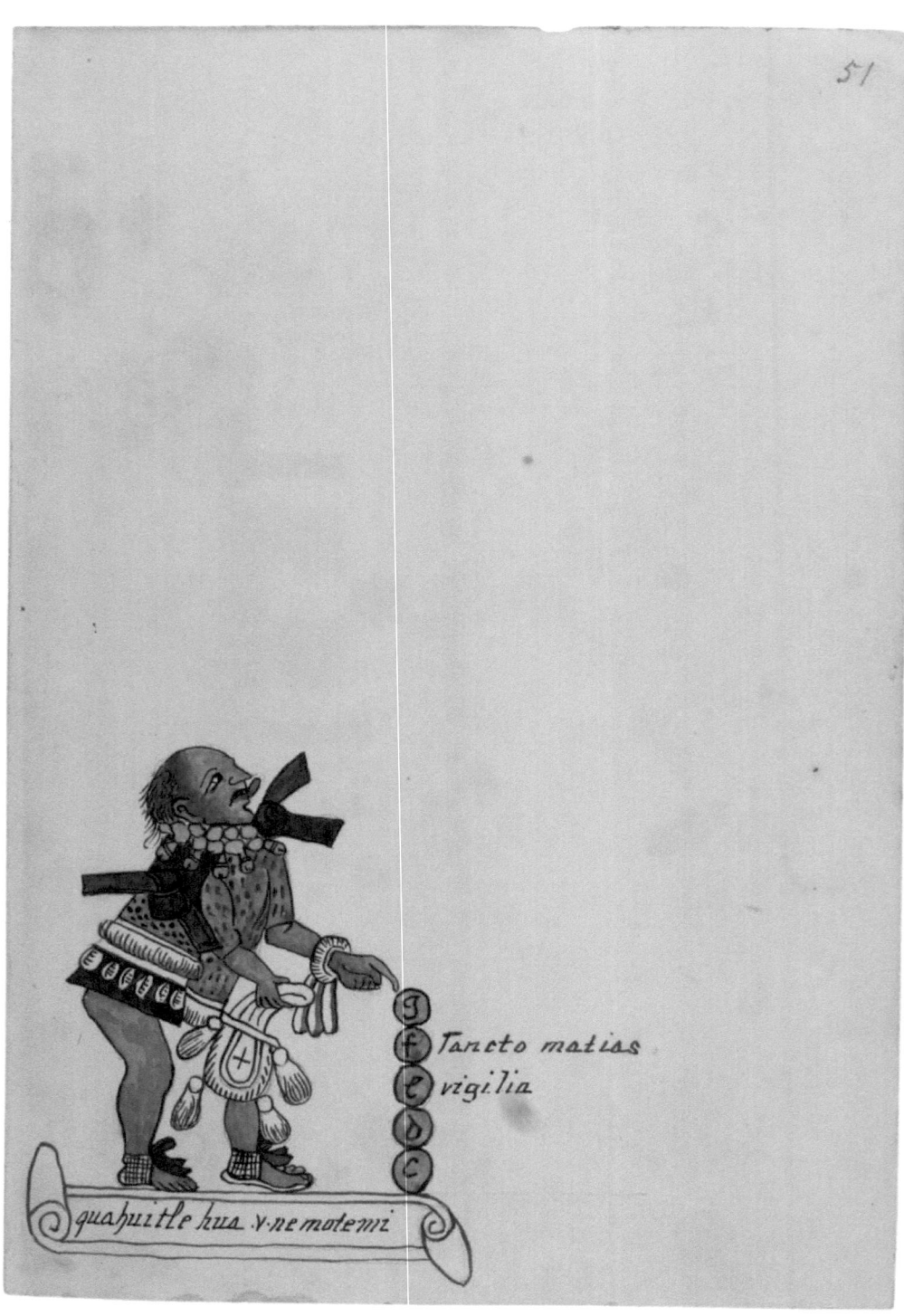

Tancto matias
vigilia

quahuitlehua y nemotemi

www.ingramcontent.com/pod-product-compliance
Lightning Source LLC
Chambersburg PA
CBHW040816200526
45159CB00024B/3000